Mehmet Yildiz
und Martin Dolzer
**Krieg und Frieden –
welche Rolle spielt Hamburg?**

AF280361

Mehmet Yildiz und
Martin Dolzer

Krieg und
Frieden –

welche Rolle spielt
Hamburg?

– 1. Auflage 2022 –
ISBN 978-3-756850-34-1

© 2022 Mehmet Yildiz und Martin Dolzer
Herstellung und Verlag: BoD – Books on Demand, Norderstedt

Inhaltsverzeichnis

Vorwort

Frieden bedeutet mehr als die Abwesenheit von Krieg. Frieden bedeutet respektvolles und solidarisches Zusammenleben und eingehaltenes Völkerrecht und eingehaltene Menschenwürde, bedeutet gleiche soziale Rechte und gleichen Zugang zu Wohnung, Bildung, Arbeit, Gesundheit sowie Kunst und Kultur.

Im Kapitalismus ist weltweiter und andauernder Frieden nicht möglich, da Profitstreben und Konkurrenz im kapitalistischen System verankert sind und Krieg in diesem System lediglich die rücksichtsloseste Form von Durchsetzung der eigenen Interessen ist – jenseits des Respekts vor dem Leben anderer auf Grundlage struktureller und offener Gewalt.

Krieg bedeutet immer Tod, Kriegsverbrechen, Vergewaltigung, Zerstörung von Lebensgrundlagen und ist Grund für Verletzung, Verzweiflung, Trauma und Flucht.

Nach dem „Zusammenbruch" der Sowjetunion 1991 verschärfte sich durch den Wegfall der Systemkonkurrenz der Kampf um die globale Vorherrschaft. Das Völkerrecht wird seitdem federführend von den Regierungen der USA und den zentralen Staaten der EU immer weiter ausgehöhlt. In vielen Ländern im Mittleren Osten, in Südamerika und in Afrika herrscht seit Jahren, zum Teil sogar seit Jahrzehnten Krieg. Insbesondere die Situation im Nahen und Mittleren Osten sowie in Nordafrika ist durch Stellvertreterkriege und ungeregelte Konflikte gekennzeichnet, die sehr schnell auch zu einem großen Krieg eskalieren können. Dabei spielen die USA im Mittleren Osten, in Südamerika und gegenüber China und Russland eine besonders destruktive Rolle, während die Bundesrepublik beim Jugoslawienkrieg sowie Frankreich und England beim Libyenkrieg die treibende Kraft waren.

Gegenüber Russland schlagen die US-Regierungen, die NATO und die EU eine immer härtere Gangart ein – am deutlichsten sichtbar an der Ausweitung der NATO, einer zunehmenden Feindbildlogik und ständigen Manövern an der russischen Grenze. Um Kriegswaffen und Soldat:innen schneller dorthin transportieren zu können, werden vermehrt auch Kapazitäten im Hamburger Hafen, bei der

Deutschen Bahn AG und am Flughafen in Hamburg sowie ebenfalls Infrastruktur in weiteren Bundesländern bereitgestellt. Mit der Aufkündigung des INF-Vertrages durch die USA droht eine Situation, die bezüglich der Gefahr von atomaren Auseinandersetzungen selbst die Kubakrise in den 1960er und auch die atomare Aufrüstung 1980er Jahre in den Schatten stellt. Auch in der Ukraine und im Kaukasus zählen Destabilisierung und Krieg zur Methode imperialistischer Politik.

Immer rabiater wird darüber hinaus das Vorgehen der USA und der EU gegenüber China – dem Land, das als Bedrohung der eigenen wirtschaftlichen Hegemoniestellung in der Welt angesehen wird. Die Staaten China, Russland, Indien und Südafrika haben mittlerweile gemeinsam ein größeres Wirtschaftsvolumen als die NATO-Staaten. Auf dieser Grundlage wird China auch seitens der Bundesregierung und der Medien in Deutschland immer stärker mit einem Feindbild belegt.

Der Abzug der NATO aus Afghanistan im Jahr 2021 hat gezeigt, wie sinnlos die kolonialistische Politik ist und dass durch sie keine Verbesserungen, sondern eine langanhaltende Zerstörung der betroffenen Länder mit verheerenden Auswirkungen für die Bevölkerungen bewirkt wird. Zu befürchten ist, dass der Abzug hauptsächlich mit dem Ziel stattfand, die militärischen Kräfte künftig in einer Auseinandersetzung mit China im Indopazifik einsetzen zu können.

Einschätzung zum Krieg
in der Ukraine

Aus aktuellem Ansatz eine Einschätzung der Situation in Bezug auf den Krieg in der Ukraine. In der Ukraine schrauben die US-Regierungen seit einiger Zeit an einer Eskalation. Zum einen durch Waffenlieferungen in immensem Ausmaß, zum anderen durch die Unterstützung des Maidanputsches und folgend darauf der daraus hervorgegangenen ukrainischen Regierungen. Kaum jemand hatte dann die radikale Kehrtwende der russischen Politik in der Ukraine-Krise erwartet, da Russland, trotz NATO-Osterweiterung und immer wieder neuen Vorstößen der westlichen Allianz, immer sehr zurückhaltend agiert hatte. Jetzt herrscht Krieg in der Ukraine und Krieg bedeutet immer großes Leid, Tod und Menschenrechtsverletzungen. Dieser Krieg muss sofort beendet werden. Die NATO muss ihre Osterweiterung beenden, Militärstützpunkte in der Nähe der russischen Grenze müssen aufgelöst werden. Alle am Konflikt beteiligten Seiten müssen sofort an den Verhandlungstisch kommen und ernsthaft auf Augenhöhe miteinander kommunizieren.

Die NATO-Regierungen müssen sich fragen, warum sie die Konfrontation mit Russland unter anderem mit der Osterweiterung des Militärbündnisses, der Förderung von Farbrevolutionen und der Unterstützung rechtsextremer Kräfte so weit getrieben haben. Sie müssen sich auch fragen, warum sich immer mehr Akteure weltweit ihrer zunehmend autoritären und arroganten Politik nicht mehr unterwerfen.

Frieden in der Region kann nur erreicht werden, wenn die legitimen Sicherheitsinteressen der Ukraine, Russlands und der EU-Staaten gehört und auf Augenhöhe verhandelt werden. Eine gemeinsame globale Sicherheitsarchitektur mit Russland und China wäre ein Ausweg.

Es ist wichtig zu verstehen, dass die US-Regierung kein Interesse daran hat, dass die EU und Russland seit Jahrzehnten friedlich zusammenleben und dies auch weiter tun. Gemäß der Brszinski Doktrin haben die US-Regierungen seit 1989 viel dafür getan, dass kein eurasischer Wirtschaftsraum entsteht, bzw. Ansätze davon stets auf wackligen Füssen stehen sollten.

Der Schweizer Militärexperte und frühere Oberst Jacques Baud (der für den Schweizer Strategischen Nachrichtendienst tätig und später Leiter der Abteilung „Friedenspolitik und Doktrin" der UN für friedenserhaltende Operationen in New York war und an UN-Militär Missionen teilnahm) hat für die „Zeitschrift Zeitgeschehen im Fokus" (Ausgabe Nr. 5/6 vom 15. März 2022) die historischen, politischen und wirtschaftlichen Hintergründe des Krieges in der Ukraine analysiert. Baud sagt, dass der russische Einmarsch durch langfristige Kriegsvorbereitungen der Regierung in Kiew ausgelöst wurde. Dabei bezieht er sich unter anderem auf ein Dekret des ukrainischen Präsidenten Wolodimir Selenkij vom 24. März 2021, dass die Rückeroberung der Krim vorsah, die sich 2014 per Referendum der Russischen Föderation angeschlossen hatte. Baud betont, dass die UdSSR erst sechs Jahre nach Gründung der NATO den Warschauer Vertrag bildete. Auch habe Moskau Jahrzehnte nicht reagiert, als das westliche Kriegsbündnis seit 1989/90 bis an die Grenzen Russlands vorrückte. Die Vorbereitung der ukrainischen Offensive auf den Donbass und die Zunahme des Artilleriebeschusses ab dem 12. Februar 2022 habe dann zu über 100.000 aus dem Donbass nach Russland Geflüchteten und schließlich zur Anerkennung der Volksrepubliken durch Russland geführt. Die russische Regierung habe dann laut Baud „offensichtlich zu Recht beurteilt, dass egal, ob eine ›kleine‹ Operation zum Schutz der Donbass-Bevölkerung oder eine ›massive‹ Operation zugunsten der nationalen Interessen Russlands und der Donbass-Bevölkerung durchgeführt würde, die Konsequenzen gleich sein würden."[1]

Eine solche Position bedeutet nicht, wie oft argumentiert wird, eine Glorifizierung der russischen Seite, sondern eine nüchterne Analyse der Genese des Konflikts und der Kräfteverhältnisse. Die Mehrheit der Menschen in der Ukraine, in Russland und in Europa will dagegen Frieden und kein Blutbad.

Der Krieg hat eine große weltweite Dynamik ausgelöst. Eine ausführliche Analyse der Kräfteverhältnisse und der Dynamik der Änderung der weltweiten Beziehungen als Konsequenz des Krieges würde den Rahmen dieses Buches sprengen. Darauf werden wir etwaig in einer weiteren Veröffentlichung eingehen.

---

[1] https://www.jungewelt.de/artikel/423703.ukraine-und-russland-wege-in-den-krieg.html?sstr=schweizer

Aufrüstung trotz Corona

Aktuelle Zahlen: Weltweit sind die Aufwendungen für die Streit-kräfte dem Stockholmer Friedensforschungsinstitut SIPRI zufolge 2020 um rund 2,6 Prozent auf 1.981 Milliarden US-Dollar gestie-gen. Das ist soviel wie nie zuvor, seit das Institut 1988 begann, vergleichbare Berechnungen vorzunehmen. Die Maßstäbe setzt dabei weiterhin der „Westen". Allein die Vereinigten Staaten gaben 778 Milliarden US-Dollar für ihre Streitkräfte aus – das sind 39 Prozent aller Militärausgaben weltweit. Die EU gab weitere 378 Milliarden US-Dollar aus, 19 Prozent des globalen Gesamtwerts. Russland kam auf 61,7 Milliarden US-Dollar, etwa ein Zwanzigstel der addierten westlichen Streitkräfteausgaben.

Die Bundesrepublik hat ihre Militärausgaben 2020 so stark gestei-gert wie kein anderer der zehn am stärksten hochgerüsteten Staaten weltweit. Die Aufwendungen für die Bundeswehr sind im vergan-genen Jahr um 5,2 Prozent auf 52,8 Milliarden US-Dollar (43,8 Milliarden Euro) in die Höhe geschnellt – proportional mehr als die Streitkräfteaufwendungen in den USA, das sind plus 4,4 Prozent.

Die militaristische Ausrichtung der bundesdeutschen Außenpolitik wurde seit der Ernennung von Ursula von der Leyen zur Verteidi-gungsministerin immer stärker vorangetrieben und durch ihre Er-nennung zur Präsidentin der EU-Kommission auf die EU-Ebene übertragen – bei gleichzeitiger Festigung der deutschen Hegemo-niestellung innerhalb der EU. Um den Aufrüstungskurs in der BRD zu finanzieren, wurden seitdem bei gleichzeitiger Vernachlässigung von Bildung, Gesundheit, Sozialem und Infrastruktur die Rüstungs-ausgaben erhöht, mit dem Ziel zwei Prozent des Bruttosozialpro-duktes zu erreichen.

Momentan ist die Bundeswehr an 13 Auslandseinsätzen und sieben „Einsatzgleichen Verpflichtungen" – also an 20 Auslandseinsätzen – auf drei Kontinenten mit mehr als 3500 Soldat:innen beteiligt.

Dass der Bundeswehretat trotz der Corona-Krise in die Höhe ge-trieben wird, ist zynisch. Weltweit werden auch weiter Kriege ge-führt. Die Forderung des UN-Generalsekretärs Guterres nach einem weltweiten Waffenstillstand, um die Pandemie gemeinsam zu überwinden, findet bei den Herrschenden und auf Seiten des Kapi-tals keine positive Resonanz.

In und um Hamburg produzieren momentan mehr als 93 Unternehmen Rüstungsgüter. Über den Hafen werden pro Jahr 1.000 Container mit Munition verschifft. Das sind drei Container, rund 20 Tonnen pro Tag! Dazu kommen noch Waffen, Panzerwagen, Panzer, Raketenwerfer und Kriegsschiffe in großem Ausmaß. Transportiert wird zum Beispiel nach Mexiko, Brasilien oder Kolumbien – in Länder also, in denen die Menschenrechte mit Füßen getreten werden. Auch nach Saudi-Arabien und in die Türkei, die damit unter anderem im Jemen Krieg führen und in Syrien die Kurd:innen bekämpfen. Allein im ersten Quartal 2020 wurden trotz Corona Panzerkampfwagen und Kriegsschiffe im Wert von 200 Millionen Euro exportiert.

Auch der Export von Kleinwaffen – den Massenvernichtungswaffen des 21. Jahrhunderts – ist in den vergangenen Jahren massiv gestiegen. Im Jahr 2017 wurden aus Hamburg Pistolen und Sturmgewehre im Wert von 500.000 Euro verschifft – 2018 waren es fünf Millionen und 2019 mehr als 13 Millionen Euro! Und dieser rasante Aufstieg hält an. So stiegen die Exporte von Pistolen über den Hamburger Hafen im 2. und 3. Quartal 2020 auf jeweils 12,6 und 13,2 Millionen Euro. So ist der Hamburger Hafen zum Tor zum Tod geworden. Eine Gefahr, die Expert:innen zufolge unkontrollierbarer ist als Landminen ist die Entwicklung von künstlich intelligenten Waffen und Drohnen.

Frieden bedeutet Sicherheit. Frieden bedeutet auch eine friedliche Wissenschaft. Hamburgs rot-grüner Senat betreibt jedoch gerade im Bereich der Wissenschaftspolitik das Gegenteil. Immer mehr Forschung findet im Bereich des Dual-Use, also der Verknüpfung von ziviler und militärischer Forschung, statt. Immer weiter dringen Angehörige der Bundeswehr in die Hochschullehre und Forschung vor.

Eine Umkehr ist nötig. Und zu dieser Umkehr wollen wir mit dieser Veröffentlichung beitragen. Jeder Mensch kann durch Engagement und eine aufrechte Haltung zum Frieden beitragen.

Entgegen aller Behauptungen des Hamburger Senats ist eine friedliche Politik nicht Sache des Bundes alleine. Auch auf Landesebene gibt es unzählige Entscheidungskompetenzen und Möglichkeiten, eine friedliche Politik zu entwickeln und umzusetzen.

So unterstützen wir die Volksinitiative gegen Rüstungsexporte, die durch Landesgesetzgebung ein Verbot der Transporte von Rüstungsgütern durch den Hamburger Hafen durchsetzen will. Auch die ICAN-Initiative hat gezeigt, dass durch den Druck der Bevölkerung und von Bewegungen die Bürgerschaft dazu gebracht werden konnte, den Städteappell zur Unterstützung des Atomwaffenverbotsvertrags zu unterstützen. Damit den Worten nun auch Taten folgen, bedarf es allerdings weiteren Drucks.

Zu hinterfragen sind zudem die Rolle der in Hamburg ansässigen Führungsakademie der Bundeswehr, an der seit Jahrzehnten auch leitende Offiziere aus Diktaturen und despotischen Regimen ausgebildet werden und auch die Rolle der Bundeswehruniversität.

In der Landesverfassung definiert sich Hamburg als eine Welthafenstadt, „die eine ihr durch Geschichte und Lage zugewiesene, besondere Aufgabe zu erfüllen" hat und „im Geiste des Friedens eine Mittlerin zwischen allen Erdteilen und Völkern der Welt sein" will. Im Folgesatz verpflichtet sich Hamburg, „ihre Wirtschaft zur Erfüllung dieser Aufgaben" zu befähigen.

Wie sehen es als wichtige Aufgabe unserer Stadt, dass diese in der Verfassung festgeschriebene Aufgabe, eine Mittlerin des Friedens zu sein, auch umgesetzt wird.

Mit dieser Veröffentlichung wollen wir zum Denken anregen und über die Möglichkeiten der Umsetzung einer friedlichen Politik informieren.

Wir wünschen viel Spaß beim Lesen

Mehmet Yildiz (Mitglied der Hamburgischen Bürgerschaft MdHB) und **Martin Dolzer** (Musiker, Soziologe und Journalist)

Bundesdeutsche und europäische Außenpolitik und Friedenspolitik

Auszug aus dem Parteiprogramm
DIE LINKE –
„Frieden in Solidarität statt Kriege"

„Für DIE LINKE ist Krieg kein Mittel der Politik. Wir fordern die Auflösung der NATO und ihre Ersetzung durch ein kollektives Sicherheitssystem unter Beteiligung Russlands, das Abrüstung als ein zentrales Ziel hat. Unabhängig von einer Entscheidung über den Verbleib Deutschlands in der NATO wird DIE LINKE in jeder politischen Konstellation dafür eintreten, dass Deutschland aus den militärischen Strukturen des Militärbündnisses austritt und die Bundeswehr dem Oberkommando der NATO entzogen wird. Wir fordern das sofortige Ende aller Kampfeinsätze der Bundeswehr. Dazu gehören auch deutsche Beteiligungen an UN-mandatierten Militäreinsätzen nach Kapitel VII der UN-Charta, zumal der Sicherheitsrat noch nie chartagemäß Beschlüsse gegen Aggressoren wie die NATO beim Jugoslawienkrieg oder die USA beim Irakkrieg gefasst hat.

Um Akzeptanz für die Militarisierung der Außenpolitik zu erlangen, ist zunehmend von ‚zivilmilitärischer Kooperation' und von Konzepten zur ‚vernetzten Sicherheit' die Rede. DIE LINKE lehnt eine Verknüpfung von militärischen und zivilen Maßnahmen ab. Sie will nicht, dass zivile Hilfe für militärische Zwecke instrumentalisiert wird. Sie will, dass ein Rüstungsexportverbot im Grundgesetz verankert wird."[2]

Dem steht die momentane Außen- und Kriegspolitik der Bundesregierung entgegen.

---

[2] https://www.die-linke.de/partei/grundsatzdokumente/programm/

Die Außen- und Verteidigungspolitik der Bundesregierung und der EU

Die Außenpolitik der Bundesregierung und der EU wird seit gut 20 Jahren immer aggressiver und militaristischer und ist auf die Etablierung der EU als militärische Großmacht unter deutscher und in Ansätzen deutsch-französischer Hegemonie ausgerichtet.

Anstatt zum Beispiel in Zeiten der Corona-Krise die internationale und innereuropäische Solidarität auszubauen, wird der Konkurrenzkampf vorangetrieben und die Feindbildlogik gegenüber China und Russland ausgeweitet. Zudem werden u.a. Italien, Griechenland und Spanien mit ihren massiven Problemen im Bereich der Wirtschaft und der Gesundheitsversorgung seitens der Bundesregierung und der EU alleingelassen. Die Kriege in Syrien und Rojava, Libyen, der Ukraine und im Jemen werden weitergeführt. Einen neuen Krieg im Nordirak hat der NATO-Staat Türkei begonnen.

Momentan ist die Bundeswehr an 13 Auslandseinsätzen auf drei Kontinenten mit knapp 3500 Soldat:innen beteiligt: in Afghanistan, im Kosovo, in Jordanien, in Syrien, im Irak, im Mittelmeer, in Mali, im Libanon, in Somalia am Horn von Afrika, im Südsudan, bei der „Durchsetzung des Waffenembargos" gegen Libyen, in der Westsahara und im Jemen.[3] Zudem ist die Bundeswehr an mehreren „einsatzgleichen Verpflichtungen" beteiligt. Die werden vor allem mit „Partnern" aus der EU oder der NATO durchgeführt: In Litauen dient der Einsatz Enhanced Forward Presence (EFP) vermeintlich der „Sicherung der Ostflanke der NATO"; im Baltikum beteiligt sich die Bundeswehr seit September 2020 an der NATO-Mission „Air Policing Baltikum", in der Ägäis an einer Mission zur Stärkung des Informationsaustausches, um gegen „Schlepper" vorgehen zu können. Der ständige Marineverband SNMG 1 im Nordatlantik dient vor allem „für Kontrolle und Schutz strategisch wichtiger Seewege im Nordatlantik und der Nordsee"; vor den Küsten Nordafrikas und des Nahen Ostens patrouilliert der Ständige Marineverband SNMG 2; das Operationsgebiet des Ständigen Marineverbands SNMCMG 1 ist der Nordatlantik und da besonders die Nord-

---

[3] https://www.bpb.de/politik/grundfragen/deutsche-verteidigungspolitik/243585/weltkarte-auslandseinsaetze

und Ostsee und der Ständige Minenabwehrverband SNMCMG2 ist im Mittelmeer und angrenzenden Seegebieten tätig.[4]

Da auch die „Einsatzgleichen Verpflichtungen" im Grunde Auslandseinsätze sind, kann man von 20 Auslandseinsätzen, an denen die Bundeswehr beteiligt ist, sprechen. Besonders hervorzuheben ist dabei der Einsatz der Marine zur Flüchtlingsabwehr in der Ägäis. Hier übernimmt das Militär zunehmend Aufgaben des Zolls oder der Polizei. Das in der Ägäis eingesetzte Versorgungsschiff der Bundeswehr „Bonn (A1413)" wurde im Frühjahr 2021 auf der Werft Blohm und Voss (Lürssen) gewartet.

In den Eckwerten des Bundeshaushaltes ist auch für 2022 eine weitere Steigerung des Militäretats vorgesehen. Der Militärhaushalt verdoppelte sich von 24,3 Milliarden Euro (2000) über 32,5 (2014) und 38,5 (2018) auf 46,9 Milliarden im Jahr 2021. Das Verteidigungsministerium strebte eine weitere Steigerung auf 61,5 Milliarden Euro im Jahr 2025 an.[5] Das bedeutet dann eine Verdreifachung innerhalb von 25 Jahren. Nach dem Beginn des Krieges in der Ukraine soll der Verteidigungshaushalt nun über einen Sonderfonds auf rund 75 Milliarden Euro aufgestockt werden. Für die schuldenfinanzierte Bundeswehr werden zudem nach Bundestagsbeschluss hundert Milliarden Euro zur Verfügung gestellt. Das Inlandswirtschaftsprodukt für Rüstung und Militär soll auf bis zu 3 % erhöht werden – Geld, das stattdessen für Bildung, soziale Sicherung und Gesundheitsversorgung sowie die Umwandlung von Waffenfabriken in zivile verwendet werden könnte.

War Deutschlands federführende Rolle im Jugoslawienkrieg Ende des letzten Jahrhunderts mit einem Bruch der Verfassung und des Völkerrechts verbunden, folgte ab den 2010er Jahren ein weiterer Paradigmenwechsel in der Außenpolitik der Bundesrepublik: Die Bundesregierungen positionieren seither das Land als immer aggressiver werdenden Akteur mit einem Weltmachtanspruch, der zur Not auch mit Hilfe von militärischen Mitteln durchgesetzt werden soll.

---

[4] https://www.bundeswehr.de/de/einsaetze-bundeswehr
[5] https://www.jungewelt.de/artikel/399246.r%C3%BCstung-trotz-pandemie.html?sstr=R%C3%BCstung

Dieser Wechsel wurde sorgfältig vorbereitet. Spätestens mit dem Erscheinen der Schrift „Neue Macht – Neue Verantwortung – Elemente einer deutschen Außen- und Sicherheitspolitik für eine Welt im Umbruch" im Jahr 2013 wurde dieser Paradigmenwechsel auch offensiv in die Öffentlichkeit getragen. Hatten vorher Vertreter:innen des militärische-industriellen Komplexes schon lange derartige Forderungen erhoben, wurden diese nun auf breiter Basis propagiert und deren Umsetzung zielgerichtet auf mehreren Ebenen vorangetrieben. An dem Papier arbeiteten über 50 „führende" Politiker:innen, Journalist:innen, Akademiker:innen, Militärs und Wirtschaftsvertreter:innen im Rahmen eines Projekts der regierungsnahen Stiftung Wissenschaft und Politik (SWP) und des Washingtoner Thinktanks German Marshall Fund (GMF).

Ähnlich wie auf Ebene der EU das European Institute for Security Studies (EUISS) ist die Stiftung Wissenschaft und Politik (SWP) ein zentraler Akteur der Entwicklung und des Versuchs der Legitimierung einer zunehmend aggressiven Außenpolitik. In weiteren Papieren der SWP von 2013 bis heute wird der Führungsanspruch der Bundesrepublik ausformuliert und im Detail skizziert. Oft sprechen die Titel schon Klartext und zeigen die Ausrichtung der Studien, die wie das o.g. Papier Leitlinien für die Außenpolitik sind. Hier einige Beispiele: „Unser schwieriger Partner – Deutschlands und Frankreichs erfolgloses Engagement in Libyen und Mali", „Grenzschutz, Migration und Asyl – Wege der Europäischen Union aus der Politikverflechtungsfalle", „Wie China Weltpolitik formt – Die Logik von Pekings Außenpolitik unter Xi Jinping", „Europa schaffen mit eigenen Waffen? – Chancen und Risiken europäischer Selbstverteidigung", „Russland und die Krise der nuklearen Rüstungskontrolle – Akteure, Interessen, Perspektiven", „Deutschland, die Nato und die nukleare Abschreckung" und „Autonome Waffensysteme und menschliche Kontrolle – Konsens über das Konzept, Unklarheit über die Operationalisierung".[6]

Mit dem Dokument „Neue Macht – neue Verantwortung" kehrte Deutschland 2013 nach zwei verlorenen Weltkriegen und den Verbrechen der Faschisten zu Militarismus und Weltmachtstreben zurück. Der Duktus dieses SWP-Papiers ist stark von eurozentrischer und nationalistischer Überheblichkeit geprägt. „Manche von ihnen

---

[6]   https://www.swp-berlin.org/

(Staaten, die eine deutsche oder westliche Vormachtstellung heraus-
fordern, Anm. der Autor:innen) teilen das Interesse an einer freien
und friedlichen Weltordnung; nicht wenige bekennen sich sogar
ausdrücklich zu Werten wie Rechtsstaatlichkeit und guter Regie-
rungsführung. Allerdings betrachten die Gesellschaften in vielen
dieser Staaten den ‚Westen' keineswegs als Vorbild."[7] Es wird in
arroganter Rhetorik fast schon als Wunder bewertet, dass auch in
anderen Staaten Rechtstaatlichkeit eine Rolle spielt und dass nicht
alle Gesellschaften die überindividualisierten westlichen Gesellschaften bewundern, in denen Konkurrenz und soziale Ungleichheit
zentrale Momente sind.

Anstatt respektvoll voneinander zu lernen, wird als Ziel formuliert,
dass Deutschland „künftig öfter und entschiedener führen" müsse,
um seine geostrategischen und wirtschaftlichen Interessen weltweit
zu verfolgen. „Deutsche Sicherheitspolitik" könne „nicht mehr anders als global konzipiert werden. Deutschlands Geschichte, seine
Lage und knappen Ressourcen werden es dabei immer wieder veranlassen, konkrete strategische Ziele mit Augenmaß zu formulie-
ren." Deutschland lebe als „Handels- und Exportnation" wie „kaum
ein anderes Land von der Globalisierung" und brauche „die Nachfrage aus anderen Märkten sowie Zugang zu internationalen Han-
delswegen und Rohstoffen". Das „überragende strategische Ziel"
müsse entsprechend sein, die „Weltordnung zu erhalten, zu schützen und weiter zu entwickeln".[8]

In dem Papier werden neue deutsche Einflusszonen benannt, die
auch militärisch zu sichern seien. „Eine pragmatische deutsche Sicherheitspolitik -, besonders dann, wenn es um aufwendige und
längerfristige militärische Einsätze geht" – müsse sich „in erster
Linie auf das zunehmend instabil werdende europäische Umfeld
von Nordafrika über den Mittleren Osten bis Zentralasien konzentrieren". Deshalb werde es „in Deutschlands Beziehungen zu den
neuen wirtschaftlichen und politischen Kraftzentren der Welt un-
weigerlich auch zu Konkurrenz und Konflikten kommen: um Einfluss, um den Zugang zu Ressourcen, aber auch um die Architektur
der internationalen Ordnung sowie um die Geltung der Normen, die

[7] https://www.swp-berlin.org/fileadmin/contents/products/projekt_papiere/
DeutAussenSicherhpol_SWP_GMF_2013.pdf, S.32ff
[8] https://www.wsws.org/de/articles/2014/05/08/mili-m08.html

ihr zugrunde liegen." Die Sprache der Autor:innen des Papiers ist dabei immer wieder offen kolonialistisch.

Als „Instrument deutscher Sicherheitspolitik" wird „ein Nebeneinander der zivilen, polizeilichen und militärischen Kräfte" bezeichnet. Militärische Einsätze reichen „von humanitärer Hilfe über Beratung, Unterstützung, Aufklärung und Stabilisierungsoperationen bis hin zum Kampfeinsatz".[9]

Parallel zur Erstellung des Papiers setzte die SWP mit Billigung der Bundesregierung den formulierten Führungsanspruch gleichzeitig um. In der ersten Jahreshälfte 2012 trafen sich syrische „Oppositionelle" sechsmal zu Arbeitssitzungen in den Räumen der SWP in Berlin. Die Finanzierung wurde vom US-amerikanischen und Schweizer Außenministerium sowie einer holländischen und einer norwegischen Nichtregierungsorganisation bereitgestellt. Das deutsche Auswärtige Amt half zusätzlich durch Visaerleichterungen. Zeitungen und Magazine berichteten unter Titeln wie: „Das neue Syrien kommt aus Wilmersdorf," „Wie in Berlin die Zeit nach Assad geplant wird," oder „Was sich die Muslim-Brüder für Syrien wünschen".

Daniel Dylan Böhmer schrieb in der „Welt" über das Projekt „The Day After", dass der Syrische Nationalrat (SNC) – von den westlichen Staaten als einzige Vertretung der Opposition anerkannt – Ende August 2012 vorstellte: „An diesem Dienstagmorgen stellen sie im Haus der Bundespressekonferenz den Abschlussbericht ihres Projektes 'The Day After' vor, den sie unter dem Dach der von der Bundesregierung finanzierten Stiftung Wissenschaft und Politik (SWP) erarbeitet haben."[10]

Faktisch halfen hier das deutsche Außenministerium und das State Department durch die Bereitstellung von Infrastruktur, Geld, Visa und Logistik und kooperierten mit Kräften, die systematisch überwiegend aus dem Exil an einem militärischen Sturz des Assad-Regierung arbeiteten. Wichtig zu wissen ist, dass der SNC ein Dachverband ist, der aufgrund seiner Haltung zur Gewaltfrage und seines fehlenden Rückhalts von großen Teilen der syrischen Bevöl-

---

[9] https://www.wsws.org/de/articles/2014/05/08/mili-m08.html
[10] https://www.ippnw.de/commonFiles/pdfs/Frieden/Akzente_Syrien_web.pdf

kerung ablehnend betrachtet wurde. Dies war offensichtlich der Versuch eines „Regimechange" vorbei an den Interessen der Mehrheitsbevölkerung.

Jörg Lau kommentierte in „Die Zeit": „Das unweigerliche Ende des Regimes wird schlicht vorausgesetzt, als eine Art Arbeitshypothese. Darin zeigt sich, dass die Bundesregierung schon viel länger mit dem Sturz des syrischen Regimes kalkuliert, als Berliner Diplomaten zugeben können (…) Deutschland ist sehr viel stärker in die Vorbereitungen der syrischen Opposition einbezogen, als man bisher öffentlich erklärte. Die Bundesregierung zieht mit der Förderung der syrischen Opposition Konsequenzen aus der Fehlentscheidung, im Libyen-Konflikt mit Russland und China gegen eine Intervention gestimmt zu haben."[11]

Die Forderung, Deutschland müsse international wieder eine „Führungsrolle" einnehmen, zieht sich wie ein roter Faden durch „Neue Macht – neue Verantwortung" der SWP und bezieht sich explizit auch auf Militäreinsätze im Rahmen der NATO. Das Militärbündnis sei mit seinen „stehenden politischen und militärischen Strukturen, einem breiten Arsenal an Instrumenten und Fähigkeiten zur kollektiven Verteidigung […] ein einzigartiger Kräfteverstärker für deutsche sicherheitspolitische Interessen".

Deutschland müsse daher „seinen gewachsenen Einfluss nutzen, um die künftige Ausrichtung der NATO mitgestalten zu können". Es habe deshalb „ein Interesse am Fortbestand einer starken und effektiven NATO", weil das Bündnis „ein erprobter Rahmen für politische Konsultationen und militärische Operationen mit den USA" sei. Die US-Regierungen verlangten allerdings „mehr Beiträge" auf der „militärisch-operativen Ebene". Die EU und Deutschland sollten sich deshalb von der NATO emanzipieren und müssten sich darauf einstellen „Formate für NATO-Operationen entwickeln, bei denen sie weniger auf US-Hilfe angewiesen sind".[12] Zudem wird auch der deutsche Hegemonieanspruch in der EU offen formuliert.

---

[11] Lau, Jörg: Das neue Syrien kommt aus Wilmersdorf. Auch in ZEIT-online, 26.07.2012 [Online, Zugriff am 22.10.2018]. Verfügbar unter: https://www.zeit.de/2012/31/Syrien-Bundesregierung
[12] https://www.wsws.org/de/articles/2014/05/08/mili-m08.html

Fester Bestandteil des Projekts waren Überlegungen, wie die geplante außenpolitische Wende gegen den Widerstand der Bevölkerung in Deutschland, die mehrheitlich friedensorientiert ist, durchgesetzt werden kann. Die Autor:innen von „Neue Macht – neue Verantwortung" beschreiben, dass es eine „skeptische Öffentlichkeit" gebe, die „die künftige Ausrichtung" in Frage stelle. Im Kapitel „Die innerstaatliche Dimension deutscher Außenpolitik" beschreiben sie, dass „eine exponiertere Rolle" der deutschen Außenpolitik „Legitimationsprobleme im Inneren verschärfen" würde. Deshalb fordern die Autor:innen „Gestalter und Experten" auf, den Mangel „der Gesellschaft an außenpolitischem Verständnis" zu überwinden. Im Rahmen der „Staatliche Außenpolitik" müsse gelernt werden, „Ziele und Anliegen effektiver zu kommunizieren, um zu überzeugen, die eigenen Bürger ebenso wie die internationale Öffentlichkeit".[13]

Betrachten wir die Außenpolitik der Bundesregierungen seit 2013 genauer, wird die Umsetzung der Blaupause aus dem Papier der SWP deutlich. Egal ob es um Regimechange in der Ukraine, den Krieg in Syrien, die Auslandseinsätze in Mali oder Afghanistan oder die Anerkennung des nicht legitimierten und von sich selbst ernannten „Präsidenten" von Venezuela Guaido geht – die Bundesregierungen sind immer mit dabei.

Offen wird in dem Papier zum Verfassungsbruch aufgerufen, wenn es heißt, „Zum Schutz der internationalen Ordnung muss Deutschland notfalls bereit sein, militärische Gewalt anzudrohen oder anzuwenden." Hier wird nicht etwa die Verteidigung des Landes oder der Schutz des Völkerrechts sowie der Menschen propagiert – sondern der einer „internationalen Ordnung", die sich bei genauerem Hinsehen als die Durchsetzung eigener Ansprüche entpuppt. In diesem Rahmen werden Staaten wie Russland und China als Herausforderer und Staaten wie Kuba, Venezuela, Iran und Syrien als Störer benannt. Mitstreiter wären dagegen Staaten wie die Türkei, dessen Regierung die Menschenrechte kontinuierlich mit Füßen tritt und genau zum Zeitpunkt der Erstellung des Papiers für Kriegsverbrechen verantwortlich war.[14]

---

[13] https://www.swp-berlin.org/fileadmin/contents/products/projekt_papiere/
      DeutAussenSicherhpol_SWP_GMF_2013.pdf
[14] Ebd.

Auch die Eskalationspolitik und die Schaffung von Feindbildern gegenüber Russland und China sind in dem Papier angelegt, da sie als Staaten, die eigene Vorstellungen von internationalen Beziehungen auf Augenhöhe haben, als feindlich betrachtet werden.

Die Journalist:innen, die bei der Erstellung des Papiers eingebunden waren, propagierten die darin formulierten Ziele nach der Veröffentlichung offensiv und versuchten auch einen Mentalitätswandel herbeizuschreiben. Unter Anderem waren das Jochen Bittner von der „Zeit" und Nikolas Busse von der „Frankfurter Allgemeinen Zeitung". Beides Journalist:innen, die enge Verbindungen zur deutschen und amerikanischen Regierung, zur EU, zur NATO und zu zahlreichen außenpolitischen Thinktanks haben. Busse war als Korrespondent der „FAZ" für die NATO und die EU in Brüssel mit führenden EU-Politikern und NATO-Militärs vernetzt und verfasst regelmäßig Insiderberichte über die NATO-Aufrüstung in Osteuropa. Bittner war von 2007 bis 2011 Europa- und NATO-Korrespondent für die „Zeit" und 2008 und 2009 Teilnehmer und Berichterstatter des Brussels Forum, einer Partnerorganisation des German Marshall Fund und der Bertelsmann-Stiftung. Unter anderem schrieb er für die New York Times einen Artikel mit dem Titel „Rethinking German Pacifism" – „Den deutschen Pazifismus überdenken", der für eine aggressivere deutsche Außenpolitik warb. Darin agitierte er gegen den „zu tief verankerten Pazifismus" der Deutschen und forderte mehr „militärische Interventionen".[15]

Der Leipziger Medienwissenschaftler Uwe Krüger, zeigte in einer Studie die Verbindungen führender deutscher Journalist:innen zu Regierungskreisen in Deutschland und den USA und zu transatlantischen Thinktanks auf. Der Mit-Herausgeber der Zeit, Joseph Joffe, und Stefan Kornelius von der Süddeutschen Zeitung, die immer wieder Russland zum Feindbild stilisieren, nehmen zum Beispiel regelmäßig an der Münchner Sicherheitskonferenz teil und unterhalten enge Beziehungen zu transatlantischen Thinktanks wie dem American Institute for Contemporary German Studies oder dem American Council on Germany. Joffe ist Teilnehmer der Bilderberg-Konferenz, Kornelius Mitglied im Präsidium der Deutschen Atlantischen Gesellschaft. Beide sind in der Deutschen Gesellschaft

---

[15] https://www.wsws.org/de/articles/2014/05/08/mili-m08.html

für Auswärtige Politik (DGAP) eingebunden, deren Direktor Eberhard Sandschneider am SWP-Projekt teilnahm.[16]

Ein weiterer interessanter Aspekt ist, dass in dem gleichen Zeitrahmen Joachim Gauck zum Bundespräsidenten gewählt wurde. Gauck erklärte dann am 3. Oktober 2013 bereits als Bundespräsident in einer seiner ersten Ansprachen zum Tag der deutschen Einheit, dass Deutschland „keine Insel" sei, die sich aus „politischen, militärischen und ökonomischen Konflikten" heraushalten könne. Es müsse wieder eine Rolle „in Europa und in der Welt" spielen, die seiner Größe und seinem Einfluss tatsächlich entspreche. Formulierungen Gaucks waren zum Teil wortgleich mit dem SWP-Papier. Der Leiter des Planungsstabs von Gauck war zu dieser Zeit Thomas Kleine-Brockhoff. Der ehemalige US-Korrespondent der „Zeit" war als Direktor des German Marshall Fund einer der Initiatoren des SWP-Papiers.

Gaucks hielt seine Rede nur wenige Tage nach den Bundestagswahlen 2013 und nahm damit entscheidenden Einfluss auf die politische Agenda für die Koalitionsverhandlungen. „Weniger Verantwortung, das geht eigentlich nicht länger, aber an mehr Verantwortung müssen wir uns erst noch gewöhnen. (…) Es stellt sich tatsächlich die Frage: Entspricht unser Engagement der Bedeutung unseres Landes? Deutschland ist bevölkerungsreich, in der Mitte des Kontinents gelegen und die viertgrößte Wirtschaftsmacht der Welt". Im Weiteren versucht Gauck die neue Rolle Deutschlands als Großmacht zu propagieren.[17]

Nach dem Regierungsbeginn der Großen Koalition propagierten der damalige Außenminister Frank-Walter Steinmeier (SPD) und die damalige Verteidigungsministerin Ursula von der Leyen (CDU) auf der Münchner Sicherheitskonferenz gemeinsam mit Gauck ebenfalls den in dem Papier der SWP vorgegebenen Kurs. Steinmeier erklärte in teilweise wortgleichen Formulierungen wie Gauck zuvor am 3. Oktober, Deutschland müsse „bereit sein, sich außen- und sicherheitspolitisch früher, entschiedener und substanzieller einzu-

---

[16] https://www.heise.de/tp/features/Journalismusforschung-Ganz-auf-Linie-mit-den-Eliten-3397578.html

[17] https://www.bundespraesident.de/SharedDocs/Reden/DE/Joachim-Gauck/Reden/2013/10/131003-Tag-deutsche-Einheit.html

bringen". Offensiv kritisierte er seinen Amtsvorgänger Guido Westerwelle (FDP) für die praktizierte „Kultur des Heraushaltens" und erklärte: „Deutschland ist zu groß, um Weltpolitik nur von der Außenlinie zu kommentieren." Steinmeier nannte konkret eine Liste von Ländern, die nun als Einflusszone zu betrachten seien: „Syrien, Ukraine, Iran, Irak, Libyen, Mali, die Zentralafrikanische Republik, Südsudan, Afghanistan, Spannungen in Ostasien – das ist die unvollständige Liste der ‚Hotspots' im kommenden Jahr. Der Außen- und Sicherheitspolitik wird die Arbeit nicht ausgehen."

Von der Leyen betonte, dass Deutschland „ein Land von erheblicher Größe" sei und deshalb seine „internationale Verantwortung" endlich auch militärisch aktiver wahrnehmen müsse. Dazu gehörten auch internationale Militäreinsätze der Nato und der EU. Konkret sicherte sie zu, den „Beitrag in Mali zu verstärken", sich an der „Zerstörung der Reste chemischer Kampfstoffe aus Syrien" zu beteiligen und „den bevorstehenden Einsatz der Europäischen Union in der Zentralafrikanischen Republik" zu unterstützen.

Der Paradigmenwechsel wurde auf diese Weise offensiv in die Wege geleitet. Es ging dabei auch um einen kulturellen Mentalitätswechsel – weg von einer Kultur der Zurückhaltung, hin zu einer Kultur der Kriegsfähigkeit. Auch ging es um einen Wechsel von einer Kultur der Werte zu einer Kultur der Durchsetzung eigener Interessen. Gauck war aufgrund seiner eigenen Geschichte der ideale Akteur, um den Vergangenheitsdiskurs „im Bewusstsein der historischen Verantwortung aus zwei Weltkriegen" in einen aggressiven Kurs auch gegen die mental verankerte Bindung der Politik an Völkerrecht und die Völkergemeinschaft durchsetzen zu können.[18]

Diese aggressive Politik wird mit wechselndem Personal oder mit Wechsel des Personals an andere Stelle (Von der Leyen als Präsidentin der EU-Kommission, Steinmeier vom Außenminister zum Bundespräsidenten) bis heute fortgesetzt und zum Teil weiter zugespitzt.[19] Ein Teil davon ist auch die neue deutsche Afrika-Politik, die unter anderem im Rahmen des G20-Gipfels in Hamburg im „Compact for Africa" und in strategischen Schriften der Führungsakademie der Bundeswehr (s.u.) ihren Ausdruck findet.

---

[18]   Albrecht von Lucke in Blätter für deutsche und internationale Politik 3/14, S. 5f
[19]   https://www.wsws.org/de/articles/2014/05/08/mili-m08.html

Ohne diese „Vorarbeit" und die Normalisierung von Kriegseinsätzen in den Medien wäre die heutige aggressive Außenpolitik der Bundesregierung kaum möglich. In dem Papier wird auch formuliert, dass „das Spannungsverhältnis zwischen dem ordnungspolitischen Interesse an einer friedlichen Neugestaltung der internationalen Ordnung einerseits und dem Interesse an bilateralen Wirtschaftsbeziehungen mit hohen Wachstumsraten, Renditen und Zugang zu wichtigen Ressourcen andererseits" besonders scharf hervortrete „im Verhältnis zu Staaten, die wirtschaftlich und politisch stark genug sind, um selbst die Bedingungen der bilateralen Beziehungen zu diktieren."[20] Hier werden ganz klar die eigenen wirtschaftlichen Interessen über eine Politik souveräner Staaten auf Augenhöhe gesetzt. Das kann dann, wie in den letzten Jahren im Verhältnis zu Russland und China geschehen, ganz schnell im Aufbau von Feindbildern und dem Drehen an der Eskalationsschraube führen, wenn die anderen Staaten die „Frechheit" besitzen, „die Bedingungen in bilateralen Beziehungen mitbestimmen" zu wollen.

Besonders deutlich wird die absurde Logik der Formulierung deutscher Interessen in einem der neueren Papiere der SWP, „Quadratur des Kreises im Indo-Pazifik – Sicherheitspolitische Umsetzung der Indo-Pazifik-Leitlinien". Darin heißt es: „Die 2020 veröffentlichten Leitlinien der Bundesregierung für den Indo-Pazifik definieren deutsche Interessen in der Region und führen darüber hinaus Initiativen auf, wie diese Interessen gesichert werden sollen. Die präzise sicherheitspolitische Übersetzung in praktische Maßnahmen befindet sich noch in einem frühen Stadium. Der als Indo-Pazifik bezeichnete Raum ist seit gut einem Jahrzehnt in den sicherheitspolitischen Fokus gerückt und Ort des Agierens zahlreicher regionaler und externer Akteure. In diesem Raum systemischer Rivalität des Westens mit China positioniert sich Deutschland nun auch. Ein Mittel der Wahl, um die deutschen Interessen abzusichern, ist die Bundeswehr." Da lässt sich wohl mit Recht fragen – was hat Deutschland im „Indo-Pazifik" zu suchen und auf welcher völkerrechtlichen Grundlage will die Bundeswehr dort agieren?[21] Es geht ganz offensichtlich um den Aufbau einer militärischen Drohkulisse gegen China. Darüber hinaus geht es vor dem Hintergrund der Neu-

---

[20] https://www.swp-berlin.org/fileadmin/contents/products/projekt_papiere /DeutAussenSicherhpol_SWP_GMF_2013.pdf, S. 34ff
[21] https://www.swp-berlin.org/publikation/quadratur-des-kreises-im-indo-pazifik/

en Seidenstraße um einen Wirtschaftskrieg gegen China. Die neue Seidenstraße eröffnet den daran teilnehmenden Staaten wirtschaftliche Entwicklung.

Deutlich wird die Grundlage einer Verdrehung historischer Fakten, die seitens der Bundesregierung und einem Teil der Medien seit 2013 immer dumpfer umgesetzt wird, in dem SWP-Papier „The Russian Military Escalation around Ukraine´s Donbas – Die russische Militärpolitik in Bezug auf Ukraines Donbass" aus dem Jahr 2021. Hier verkündet der Autor Dumitru Minzarari, dass „die anhaltende Stationierung russischen Militärs nahe den Grenzen der Ukraine eines der ernsthaftesten Probleme der Sicherheit Europas seit der russischen Aggression gegen die Ukraine 2014" sei, während die NATO das Manöver „Defender 2021" durchführt (s.u.) und mehrere zehntausend Soldat:innen unter Beteiligung der ukrainischen Armee in Richtung Schwarzes Meer und die Ukraine bewegt und der Ukrainische Präsident Selnskij im März 2021 ein Dekret unterzeichnete, dass die ukrainische Armee dazu auffordert die Krim zurück zu erobern.

Der Autor bezeichnet den 2013-2014 von Seiten der USA und EU-Staaten geförderten Putsch in der Ukraine und die darauffolgende Abspaltung des Donbass, als russische Aggression gegen die Ukraine. Die Bevölkerungen in Donezk und Lugansk, zwei Provinzen des Landes, hatten sich nach einem längeren Prozess von Auseinandersetzungen und Pogromen gegen Antifaschist:innen und diejenigen, die sich nicht der nationalistisch geprägten Hegemonie unterwerfen wollten, von der Ukraine gelöst. Nachdem in Odessa Faschisten mehr als 50 Menschen im Gewerkschaftshaus massakriert hatten und landesweit Gegner des rechten Putsches verfolgt, misshandelt und getötet wurden, riefen die Menschen in Lugansk und Donezk Volksrepubliken aus. Die durch einen Seitens der USA und der EU geförderten Putsch am 23. Februar 2014 in Kiew inthronisierte Regierung aus Oligarchen, Nationalist:innen und Faschist:innen begann dann am 14. April 2014 mit einer Militäroffensive gegen diese beiden „aufständischen Regionen" in der Ostukraine.[22]

---

[22] https://www.jungewelt.de/artikel/400453.austin-besuch-besuchen-sie-europa-solange-es-noch-steht.html

In der Praxis sind die Rolle beim Putsch und der Zuspitzung bis zum jetzigen Krieg in der Ukraine, der Krieg in Syrien und die bundesdeutsche Rolle beim Treffen einer vermeintlich neuen syrischen Regierung in Berlin, die Beteiligung an den Kriegen in Jugoslawien, in Afghanistan und Mali, die anhaltende Destabilisierung des Irak und das Begrüßen des Putschversuchs in Venezuela gute Beispiele dafür, wie weitgehend die Bundesregierung heutzutage bereit ist, jenseits von Völkerrecht und respektvollem Dialog aggressive eigene Interessen zu verfolgen.

Den großen Wirtschaftskrisen 1907 und 1929 folgten jeweils einige Jahre später der Erste und der Zweite Weltkrieg. Für das Kapital sind zugespitzte imperialistische Politik und schließlich weltweite Kriege gängige Auswege aus großen Krisen. Auch in der aktuellen Krise ist zu befürchten, dass zumindest einige Akteur:innen erneut verstärkt auf derart „Auswege" setzen.

Zur Vorbereitung eines Krieges werden oftmals Feindbilder geschaffen oder verstärkt. Daher betrachten wir den Umgang der Bundesrepublik mit China und Russland mit großer Sorge. China hat sich als sehr starke wirtschaftliche Kraft entwickelt, Russland als relevante geopolitische Macht im Mittleren Osten.

Wünschenswert aus linker Sicht wäre eine Rückbesinnung auf die historische Verantwortung und die Lehren aus dem Faschismus. Das Völkerrecht sollte in diesem Rahmen als ein zentrales Moment gestärkt und die UN demokratisiert werden. Hierzu könnte auch die Bundesregierung im Rahmen ihrer starken Rolle in der EU beitragen.

Die Außenpolitik der EU
– imperialistisch, militaristisch und aggressiv

Die Außenpolitik der EU wurde parallel zur bundesdeutschen Politik immer aggressiver weiterentwickelt, obwohl das Staatenbündnis sich seit Jahren auf die Fahnen schreibt, weltweit ein Vorbild bei der Einhaltung von Menschenrechten zu sein. Dieses Ziel wird allerdings verfehlt. Weder in der Innenpolitik noch in der Außenpolitik liegt der Schwerpunkt der Politik der EU auf der Einhaltung der Menschenrechte. Die EU-Kommission strebt mit ihren Arbeitsprogrammen, die regelmäßig vom Europaparlament abgesegnet werden, ein Europa im Sinne der Konzerne an, dass sich zudem in der Auseinandersetzung um weltweite Macht als zunehmend aggressiver „Global Player" mit gemeinsamer Außenpolitik und eigenem Militär positionieren soll.

Kontrolle und Initiative durch das EU-Parlament, Frieden, Menschenrechte, der Schutz von Geflüchteten, soziale Gleichheit, faire Handelsbeziehungen innerhalb und außerhalb der EU und die demokratische Kontrolle begreift die Kommission offenbar als mehr oder weniger lästige Nebenaspekte, die nicht unbedingt umgesetzt werden müssen.

Das wird auch immer wieder bei den Anhörungen von Vertreter:innen der EU-Kommission im Europaausschuss der Hamburgischen Bürgerschaft deutlich. So sehen diese auf Nachfrage regelmäßig die mangelnden Kontroll- und Initiativrechte des Europaparlaments nicht als Problem. Auch stuft die EU-Kommission die Türkei wie auch einige für Sinti und Roma bedrohliche Staaten im ehemaligen Jugoslawien regelmäßig als sichere Drittstaaten ein.

In den Anhörungen wurde zudem immer wieder deutlich, dass die EU-Kommission nicht plant, entschiedeneren Druck auf die türkische Regierung auszuüben, die Menschenrechte einzuhalten und die völkerrechtswidrige Besetzung in Afrin/Nordsyrien und die ständigen völkerrechtswidrigen Angriffe auf Rojava/Nordsyrien sowie die Rückzugsgebiete der PKK im Nordirak sowie die Zusammenarbeit mit dem Islamischen Staat zu beenden. Stattdessen werden der türkischen Regierung regelmäßig Milliardenbeträge zur Abschottung der EU vor Geflüchteten aus dem Syrienkrieg gezahlt und die Befriedung der Ansprüche der Türkei auf Gasvorkommen vor Zypern als zentrales Anliegen der EU definiert.

Die EU-Kommission begreift zudem die Unterwerfung der griechischen Bevölkerung im Jahr 2016 unter das Diktat der durch nichts legitimierten „Troika" als erfolgreiche Politik. Die EU hatte die linke Syriza-Regierung bei Androhung der völligen Destabilisierung gezwungen, ein neoliberales Maßnahmenpaket entgegen einem von der griechischen Bevölkerung anders entschiedenen Referendum anzunehmen. Profiteure dieser Politik waren hauptsächlich deutsche und französische Banken und Konzerne. Ein Vertreter der EU-Kommission äußerte im Europaausschuss diesbezüglich die

demokratiefeindliche Auffassung, dass wie im „Fall von Griechenland nicht immer sämtliche EU-Regierungen und Bevölkerungen
den Sinn von Maßnahmen nachvollziehen können und deshalb
manchmal einige Staaten oder die EU-Kommission, auch ohne deren Einverständnis, voranschreiten müssten" und diese dann ir-
gendwann später dankbar sein würden. In Anbetracht der heutigen
Massenarbeitslosigkeit und des fast völligen Zusammenbruchs des
griechischen Gesundheitssystems ist eine derartige Auffassung
realitätsfremd – sie ist ohnehin demokratiefeindlich.

Aber anders lässt sich nicht durchsetzen, Gewinne weiter zu privati-
sieren, während man Defizite und Kosten hauptsächlich auf die
Schultern der lohnabhängig Beschäftigten – also der Arbeiterklasse
– und auch der exportschwachen Länder im Süden Europas verteilt.
Diese dann faktisch der Möglichkeit einer souveränen Politik zu
berauben –, wie das im Fall Griechenlands geschehen ist – wird
nicht dazu beitragen die EU zu stabilisieren und sie zu einem friedlichen, die Menschenrechte achtenden Bündnis zu machen.

Militarisierung der EU

Der EU-Vertrag verbietet in Artikel 41, Absatz 2, die operativen
Ausgaben für „Maßnahmen mit militärischen oder verteidigungspolitischen Bezügen" aus dem EU-Haushalt zu bestreiten. Bereits früh
machte sich die EU-Kommission allerdings mit Hilfe von zwei
Töpfen daran, dieses Verbot zu umgehen. Der „Athena-
Mechanismus" und die „Afrikanische Friedensfazilität" (AFF) waren die ersten Instrumente dafür. Im März 2004 wurde der „Athena-
Mechanismus" etabliert. Er diente der Finanzierung von auf europäischer Ebene vom Rat beschlossenen EU-Militäreinsätzen, war aber
um rechtliche Normen umgehen zu können kein offizieller Teil des
EU-Haushaltes. Stattdessen zahlten sämtliche EU-Mitgliedstaaten
außer Dänemark nach einem festen Schlüssel in ihn ein. Deutschland bis zum britischen EU-Austritt 20 Prozent, seitdem 25 Prozent
des Gesamtvolumens. Jedes Mitgliedsland der EU wurde so genö-
tigt, sich an der Finanzierung von EU-Militäreinsätzen zu beteiligen
– und zwar vollkommen unabhängig davon, ob es daran teilnahm
oder nicht.

Ebenfalls im Jahr 2004 wurde der zweite wichtige Topf zur Umge-
hung des EU-Vertrages die „Afrikanische Friedensfazilität" einge-

richtet. Da Militäreinsätze mit eigenen Truppen mit hohen finanziellen und politischen Risiken verbunden sind, wurde über die Jahre die so deklarierte „Ertüchtigung" von „Bündnispartnern" zu einem immer öfter angewandten Mittel. Dabei handelt es sich um die Ausbildung und Ausrüstung der Truppen von „freundlich gesinnten" Ländern sowie um die Finanzierung von deren Militäreinsätzen. Dadurch sollten diese Staaten in die Lage versetzt werden, als Stellvertreter für die Durchsetzung neo-kolonialer europäischer Interessen und die strukturelle und militärische Abschottung Europas vor Geflüchteten zu sorgen. Dass einige dieser „Bündnispartner" die Menschenrechte kontinuierlich mit Füßen traten und treten, spielt dabei offenbar keine Rolle.

Über die AFF wurde vor allem unter dem Vorwand des Aufbaus einer „Afrikanischen Friedensarchitektur" faktisch eine Militarisierung vorangetrieben, die Aufbau, Ausrüstung und konkrete Einsätze afrikanischer Interventionstruppen beinhaltete. Zwischen 2004 und 2020 wurden über die AFF insgesamt 3,4 Milliarden Euro vergeben. Die Gelder dafür kamen zynischerweise aus dem „Europäischen Entwicklungsfonds", einem ebenfalls außerhalb des EU-Haushalts angesiedelten Instrument, dessen Gelder eigentlich der unmittelbaren Armutsbekämpfung dienen sollten. Ein Großteil der AFF-Gelder, knapp zwei Milliarden Euro, wurde für die Unterstützung der „Mission der Afrikanischen Union in Somalia" (Amisom) ausgegeben. Größere Posten waren zudem Zuschüsse für die Aufstellung einer G5-Sahel-Truppe, einer Einheit aus 5.000 Soldaten aus den Ländern Mauretanien, Mali, Niger, Burkina Faso und dem Tschad, die mit rund 250 Millionen Euro aus der AFF finanziert wurde.[23]

Am 18.04. 2019 stimmte das Europaparlament der Einrichtung des Europäischen Verteidigungsfonds (EDF) zu. Dieser Fonds mit 13 Milliarden Euro ist vorwiegend ein Subventionsprogramm für die Rüstungsindustrie. Wichtig zu wissen: dieser Fond ist illegal. Die EU-Kommission führte als Rechtsgrundlage den Artikel 173 des Vertrags zur Arbeitsweise der Europäischen Union (EAUV) an, der sie ermächtigt, die Wettbewerbsfähigkeit der europäischen Industrie mit EU-Mitteln zu fördern. Dem steht allerdings in diesem Fall

---

[23] https://www.jungewelt.de/artikel/399603.militarismus-verdeckte-kriegskasse.html?sstr=%C3%96zlem

Artikel 41 Absatz 2 EUV entgegen, demzufolge aus dem Unionshaushalt keine Maßnahmen mit militärischen oder verteidigungspolitischen Bezügen im Rahmen der Gemeinsamen Außen- und Sicherheitspolitik (GASP) finanziert werden dürfen. Ein Gutachten des renommierten Rechtswissenschaftlers Andreas Fischer-Lescano von der Universität Bremen zeigt die Unrechtmäßigkeit des Europäischen Verteidigungsfonds (EVF) auf, der demzufolge gegen den Vertrag der Europäischen Union verstößt.

Die Finanzierung dieses Fonds basiert auf der Umverteilung von öffentlichen Geldern aus den Struktur- und Regionalfonds. D.H anstatt die mehr als notwendige Finanzierung von strukturschwachen Regionen in der Krise beizubehalten, wurden diese Mittel zugunsten einer EU-Recht brechenden Militarisierung zusammengekürzt.[24]

Da auch das seitens des Militärapparates als nicht ausreichend angesehen wurde, beschloss die EU auf dessen Druck am 22. März 2021 die Regelungen für eine „Europäische Friedensfazilität" (EFF). Die Bezeichnung ist grob irreführend – geht es doch darum, EU-Militäreinsätze und Waffenlieferungen an Drittstaaten künftig besser als bisher finanzieren zu können. Diese mit mehr als fünf Milliarden Euro bestückte Fazilität wurde als Schattenhaushalt in einer rechtlichen Grauzone, ebenfalls außerhalb des offiziellen EU-Haushalts, angesiedelt. Dadurch wird das militärische Agieren zusätzlich der Kontrolle durch das Europäische Parlament entzogen. „Die EU hat sich so faktisch eine gut bestückte und unkontrollierbare Kriegskasse zugelegt, um ihre Interessen entweder selbst oder über Stellvertreter effektiver durchzusetzen zu können".[25]

Interessant ist die Deutung einer angeblichen Bedrohungssituation seitens des Wissenschaftlichen Dienstes des Europäischen Parlaments (EPRS), hier beispielsweise in einem Podcast. Auf diese Weise wird ein Legitimierungsmuster für eine aggressiver werdende Außenpolitik deutlich:

---

[24] https://www.dielinke-europa.eu/de/article/12366.illegale-milliardengeschenke-an-eu-r%C3%BCstungsindustrie-beschlossen.html

[25] https://www.jungewelt.de/artikel/399603.militarismus-verdeckte-kriegskasse.html?sstr=%C3%96zlem

Frauenstimme: „Mit der NATO, die lange das militärische Joch in Europa geschultert hat, konnte die EU bequem ihre soft power beherrschen lernen."

Männerstimme: „Aber angesichts unbeständiger Weltpolitik und neuer Sicherheitsbedrohungen hat die EU begonnen, Ernst zu machen mit ihrer eigenen Sicherheit, und schickt sich an, ihre Verteidigungsfähigkeiten weiterzuentwickeln. – Bleiben Sie dran!"

Frauenstimme: „Wenn die Bedrohung durch einen Krieg in Europa bis vor kurzem noch undenkbar war, braucht es nicht viel Vorstellungskraft, sich jetzt einen vorzustellen."

Männerstimme: „Denken Sie an die militärische Eskalation mit Russland, Instabilität an der Türschwelle der EU, besonders im Mittleren Osten, zunehmende terroristische Bedrohungen im Innern der EU und Sorgen um die Cybersicherheit."

Frauenstimme: „Vor diesem Hintergrund bewaffnen sich die USA, Russland, China und Saudiarabien bis an die Zähne, doch die Verteidigungshaushalte der meisten europäischen Länder bleiben weit hinter dem NATO-Ziel von zwei Prozent zurück."[26]

Das Bild, dass hier gezeichnet wird schweigt vom Völkerrecht und Möglichkeiten des Dialogs in Konfliktsituation und suggeriert Aufrüstung und Machtstreben als einzigen Weg. Das Ziel des Aufbrechens der Kriegsablehnung Mehrheit der Bevölkerung aus „Neue Macht – Neue Verantwortung" lässt grüßen.

Rüstungsgüter für die Bundeswehr, die mehr als 25 Millionen Euro kosten, muss der Bundestag absegnen. Die mehreren Milliarden des EDF werden durch die EU-Kommission und Sachverständige ohne parlamentarische Kontrolle vergeben.[27]

Seit ihrem Beschluss 2014, die militärischen Ausgaben ihrer Mitgliedstaaten möglichst bis 2024 auf zwei Prozent ihrer Wirtschaftsleistung anzuheben, haben die europäischen NATO-Staaten ihre Ausgaben preisbereinigt bis 2019 um 22,4 Prozent, von 2015 bis 2020, auf 288 Milliarden Dollar erhöht, die NATO insgesamt um 15 Prozent auf 1.027 Milliarden Dollar. Russland dagegen, gegen

---

[26] https://www.heise.de/tp/features/Vom-Friedensnobelpreis-zum-Kriegstreiber-4248011.html

[27] https://www.heise.de/tp/features/Vom-Friedensnobelpreis-zum-Kriegstreiber-4248011.html

das die NATO-Aufrüstung gerichtet ist und das zunehmend zum Feind stilisiert wird, hat im selben Zeitraum seine Militärausgaben um 13 Prozent auf 60,6 Milliarden Dollar gesenkt.[28]

Ausdrückliches Ziel des Europäischen Verteidigungsfonds (EDF) ist es, den Marktanteil europäischer Waffen in Europa auf 35 Prozent zu steigern. Die Pilotprojekte zum EDF seit 2015 beruhen weitgehend auf den Planungen einer „Gruppe von Persönlichkeiten" – einer von der Europäischen Kommission eingesetzten Arbeitsgruppe. Erst eine Beschwerde der belgischen Friedensinitiative Vredesactie beim Europäischen Ombudsmann brachte die Namen dieser „Gruppe von Persönlichkeiten" ans Tageslicht. Darunter waren der Militärfreundliche CDU-Europaabgeordnete Michael Gahler, einige ehemalige Premier- und Verteidigungsminister und der Präsident der Fraunhofer-Gesellschaft Reimund Neugebauer. Hinzu kommen Menschen aus den Chefetagen der Industrie wie Mauro Moretti von der italienischen Leonardo S.p.A., Antoine Bouvier von MDBA und andere. Leonardo ist das frühere italienische Rüstungskombinat Finmeccanica, MDBA der weltweit umsatzstärkste Lieferant für Lenkflugkörper. Den Vorwurf, dass ein Interessenkonflikt bestehe, da diese Unternehmen an den EU-Ausschreibungen verdient haben, für die sie vorher Berater waren – wie etwa bei dem Seeüberwachungsprojekt Ocean 2020 – haben sowohl die EU-Kommission als auch die Firmen zurückgewiesen. Widerlegen konnten sie diese Vorwürfe jedoch nicht.

Ein übliches Muster zum Kaschieren von derartigem Lobbyismus ist, dass die EU-Kommission die Beraterdienste zur Vorbereitung des EDF nicht nach den üblichen Regeln transparent gemacht hat. Sie gab zum Beispiel Sitzungsprotokolle nur auf Anfrage und mit monatelangen Verspätungen heraus. Die Rüstungsindustrie hat sich den EDF faktisch auf den Leib geschneidert. Textbausteine, die die EU-Kommission in den Beschlussprozess einbrachte, wurden fast wörtlich von Positionspapieren der oben genannten Lobbygruppe der Rüstungsindustrie abgeschrieben.

Die Umwandlung der europäischen Wirtschaftsgemeinschaft in eine Militärunion wurde von langer Hand vorbereitet. 2004 wurde gleich-

---

[28] https://www.jungewelt.de/artikel/399682.militarismus-h%C3%B6chste-zeit-f%C3%BCr-abr%C3%BCstung-auf-die-stra%C3%9Fe-zu-gehen.html?sstr=R%C3%BCstung

zeitig mit den o.g. Mechanismen die European Defence Agency (EDA) gegründet. Sie ist u.a. ein Instrument um EU-Mittel aus allen Haushaltsbereichen in den Bereich von Verteidigung und Rüstung zu lenken und die Sichtweise von Armeevertreter:innen durchsetzungsfähiger zu machen. Seit 2016 hat die EU eine „Globale Strategie" und eine CARD, eine jährliche Erhebung aller militärischen Anschaffungen und Ausgaben der beteiligten EU-Staaten. Die Gründung von PeSCo – der EU-Verteidigungsinitiative für die Ständige und Strukturierte Zusammenarbeit – im Jahr 2017 ist genauer betrachte im Grunde genommen eine Vorstufe für eine europäischen Armee. Strategische Projekte im militärischen Bereich werden durch CARD identifiziert, von PeSCo umgesetzt und vom EDF finanziert.

Auf den Jahreskonferenzen der EDA treffen sich EU-Funktionär:innen und Rüstungsindustrie. Diskutiert werden zum Beispiel Themen wie „Von unbemannten zu autonomen Systemen". Autonome Systeme sind bewaffnete Roboter, Drohnen oder Schiffsdrohnen, die ohne menschliches Kommando töten können. Interessant, dass die Fraunhofer Stiftung in Hamburg im Rahmen eines Forschungsprogramms gemeinsam mit dem norwegischen U-Boot Bauer Aptomar (siehe auch Kapitel Hamburger Rüstungsunternehmen) genau zu diesem Thema – Schiffsdrohnen – in Hamburg Forschung betrieb.

Wissenschaftler:innen in der ganzen Welt protestieren gegen die Finanzierung von Rüstungsforschung durch die EU, die die Entwicklung von autonomen Waffen eben nicht ausschließt, sondern sie ausdrücklich vorsieht und der Überwachung durch nationale Parlamente entzieht. Im Sommer unterzeichneten 700 Forscher:innen eine Petition, die das Verbot von Killerrobotern fordert.[29]

Motivation und strategische Grundlage

Die SWP arbeitet auch auf der Brüsseler Ebene und hat zudem mit dem European Union Institute for Security Studies (EUISS) eine ähnliche „Institution" als Bündnispartner auf der EU-Ebene.

---

[29] https://www.heise.de/tp/features/Vom-Friedensnobelpreis-zum-Kriegstreiber-4248011.html

Die beschriebene Umwandlung passierte nicht ohne Grundlage und Umsetzungsstrategie. Insbesondere die Zentralmächte Frankreich und Bundesrepublik treiben jeweils mit eigenen Interessen und in Konkurrenz zueinander die Militarisierung der EU voran. Die auf Impuls der EU-Kommission 2001 gegründete Verteidigungsagentur der EU, das EUISS, ist dabei ein zentraler Akteur. Das EUISS plant und verdeutlicht immer wieder die aggressive Außen- und Sicherheitspolitik der EU und versucht gleichzeitig, diese auf Grundlage von oft fragwürdigen Studien, die den Eindruck einer wissenschaftlichen Herangehensweise vermitteln sollen, zu legitimieren. Die Vorgaben bzw. Rechtfertigungsversuche des Instituts werden von der EU oft eins zu eins umgesetzt.

Die EU plant seit 2009 im Rahmen der Weiterentwicklung der Außenpolitik u.a. eine „Ausweitung der militärischen Sperr- und Kampfoperationen" zur Sicherung der Ressourcen sowie zur Abschottung der EU gegen „Armutsflüchtlinge aus dem Süden" sowie Maßnahmen zur Bekämpfung etwaigen Widerstands. Prägnant wurde bereits in der 2009 veröffentlichten Studie „What ambitions in European Defence 2020" diese Zielsetzung skizziert. Das Institut schreibt dort, dass die Kriege der heutigen Zeit und der Zukunft hauptsächlich nicht mehr zwischen Staaten, sondern zwischen „ungleichen sozioökonomischen Klassen der Weltgesellschaft" geführt werden würden. Auf der einen Seite stehe dabei eine „metropolitane Elite, die sich aus transnational operierenden Konzernen, den Staaten der EU, der EU und den aufstrebenden Schwellenländern" zusammensetze – und auf der anderen Seite stehe „die weltweite Armutsbevölkerung und deren Organisationen". Daraus würden „zunehmend explosive Spannungen" entstehen. Ein Klassenkampf von Oben wird hier angedacht und durchgeführt.

Um einen Zusammenbruch des globalen Wirtschaftssystems zu vermeiden, fordert das EUISS gegen die „untere Milliarde der Menschheit" (die zynische Bezeichnung bottom billion spricht für sich) das gesamte Spektrum hoch intensiver Kampfmaßnahmen einzusetzen. Dazu gehöre „der Aufbau einer Helikopterflotte zur Aufstandsbekämpfung in den Entwicklungsländern, neue Schritte zur totalen Überwachung der Weltmeere, der Einsatz von unbemannten Kampfflugzeugen (Drohnen) und die Absicherung der Grenzen der EU gegen Geflüchtete."[30]

Die Strategien und Techniken, die das EUISS vielfach in diesem und einer Vielzahl weiterer Strategiepapiere formuliert sind seitens der EU bzw. deren federführenden Staaten bereits in Libyen, Jugoslawien, Irak, Syrien, Venezuela, der Ukraine und Mali umgesetzt worden.

Das „Maßnahmenpaket" reicht dabei vom gezieltem Aufbau von Feindbildern über wirtschaftliche Sanktionen, den Aufbau von mehr oder weniger direkt gesteuerten Widerstandsgruppen und Milizen, die Anerkennung von nicht demokratisch gewählten Regierungen bis hin zu Putschen und Kriegen. Dabei wird auch die nachhaltige Zerstörung von bis dahin stabilen Staaten einbezogen. Teils werden die menschenverachtenden Techniken und imperialistischen Ansprüche ungeschönt und direkt so benannt, zum Teil werden sie hinter beschönigenden Begriffen wie „Responsibility to protect", „Regime Change" oder „Menschenrechtsintervention" und „Good Governance" verschleiert oder es wird versucht, sie durch angenommene Bedrohungen der Sicherheit zu legitimieren.

Sehr deutlich wird das Großmachtstreben der EU vom EUISS im Report Nr. 16 mit dem Titel „Enabling the future. European military capacities 2013-2025: challenges and avenues." formuliert. Darin werden die militärische Aufrüstung der EU und die Schaffung effizienter und schlagkräftiger Strukturen propagiert, um unter anderem in Konkurrenz zu den USA aber insbesondere gegenüber China und Russland im Rahmen einer neo-kolonialistischen Aufteilung des Mittleren Ostens und Afrikas die Führungsrolle zu übernehmen.[31]

Die Bundesrepublik ist im EUISS die treibende Kraft und untermauert immer wieder ihren Führungsanspruch in der EU.
Eine wichtige Rolle in der Zukunftsplanung führender Militärs, der Bundesregierung und der EU spielt die Nutzung von künstlicher Intelligenz im militärischen Bereich.

---

[30] https://www.iss.europa.eu/sites/default/files/EUISSFiles/What_ambitions _for_European_defence_in_2020_0.pdf
[31] https://www.iss.europa.eu/content/enabling-future-%E2%80%93-european-military-capabilities-2013-2025-challenges-and-avenues

Militärische Nutzung von künstlicher Intelligenz

In der Forschung zu Künstlicher Intelligenz sowie auch in der Robotik wurden in den letzten Jahren viele Fortschritte erzielt. In Bereichen Medizin, Klimaschutz, Musik und Verkehr kann der Einsatz dieser Technologien einen großen Beitrag zum Wohl von Gesellschaften leisten.

Jedoch äußerten tausende Wissenschaftler:innen, Geschäftsführer:innen von Forschungseinrichtungen und Forscher:innen aus Australien, Kanada, Belgien, Norwegen und der Bundesrepublik zwischen 2015 und 2019 mit offenen Briefen an ihre Regierungen und internationale Gremien ihre tiefe Besorgnis über die Entwicklung autonomer (also künstlich intelligenter) Waffensysteme. Sie kritisieren zu Recht, dass die menschliche Kontrolle bei diesen Waffensystemen fehlt. Diese Waffen können ohne menschliche Intervention Ziele auswählen und bekämpfen und sind daher in letzter Konsequenz sogar weit weniger kontrollierbar als die zu Recht verbotenen Landminen.

Eine Übertragung der Entscheidungsgewalt über Leben und Tod an Maschinen lehnen die Wissenschaftler:innen in den offenen Briefen kategorisch ab. Auch linke Parteien fordern ein völkerrechtlich verbindliches Verbot dieser Waffen.

Mustererkennung, maschinelles Lernen und Prognosen aufgrund signifikanter statistischer Zusammenhänge sind Techniken, die in der Künstlichen Intelligenz angewandt werden. Wenn diese im militärischen Bereich eingesetzt werden, kann das zu unkontrollierbarem Töten und darüber hinaus zu einer weiteren Destabilisierung der internationalen Beziehungen führen.

Die Entwicklung und der Einsatz dieser Waffensysteme ist nicht mit dem humanitären Völkerrecht vereinbar und verletzt Menschenrechte sowie die in Artikel 1 des Grundgesetzes verankerte Unantastbarkeit der Menschenwürde. Die Entwicklung dieser Waffensysteme wird absehbar auch zu einem weiteren milliardenschweren militärischen Wettrüsten führen bzw. tut das schon jetzt. Professor Hannes Federrath, Präsident der Gesellschaft für Informatik, weist darauf hin, dass die ethischen Leitlinien der „Gesellschaft für Informatik" eine Ablehnung von KI-Waffen stützen. Auf internationalem Parkett haben allerdings bisher nur 26 Staaten einem Verbot autonomer Waffensysteme zugestimmt. Die Bundesregierung hat sich bisher nicht für ein solches Verbot ausgesprochen.[32]

Mehrere Länder setzen bereits seit einigen Jahren auf Waffensysteme, die eigentlich keine Menschen zur Steuerung benötigen. Ein Beispiel sind Loitering Attack Munitions (LAM). Es handelt sich dabei um Waffen die momentan bereits von den USA, Israel, Chile, Südkorea und der Türkei eingesetzt werden. Überwiegend sind diese LAM Sprenggranaten mit Flügeln. Angetrieben von kleinen Rotoren können sie lange Zeit über Gebieten kreisen und mit Wärmebild- und Radarsensoren Ziele suchen, um diese schließlich anzugreifen. Auch militärische Drohnen wie Reaper, Predator, Hermes 450 oder Kronstadt Orion sind hoch automatisierte Waffen. Sie brauchen im Grunde genommen keinen Menschen, der sie bedient. Diese Drohnen können eigenständig starten, landen, Routen finden und mit Hilfe von Kamera- und Computersystemen potentielle Ziele finden, diese verfolgen mit Raketen oder anderen Waffen/Munition beschießen. Die Aufgabe der Menschen ist in der momentan gängigen Praxis noch das Ziel als „freundlich" oder „feindlich" einzuordnen und dann etwaig einen Beschuss oder die Tötung zu autorisieren. Gesteuert werden die Drohnen an Computern auf oft weit vom Einsatzort entfernten Militärbasen, wie zum Beispiel Rammstein. Von den Drohnen oder LAM werden hochauflösende Aufnahmen und Sensordaten gesendet, die in Echtzeit analysiert werden und den fernsteuernden Soldat:innen zur Verfügung stehen.

Eine mögliche Erweiterung der Softwareinfrastruktur um Künstlich Intelligente Systeme, die auf den Bildern ohne menschliche Kontrolle Uniformen, Mündungsfeuer, Waffen und Gesichter oder die eigenen Soldaten und „Feinde" erkennen und unterscheiden sollen und weitere eingegebene Koordinaten erkennen können, ist nur ein kleiner, aber sehr gefährlicher Schritt. Neben diesem ohnehin besorgniserregenden Szenario ist eine große Gefahr dabei, dass keine letztendliche Sicherheit besteht, ob zum Beispiel eine erkannte Pistole nicht auch ein Eis in der Hand eines Kindes sein könnte.

---

[32] https://www.deutschlandfunk.de/autonome-waffen-ki-systeme-im-militaer.676.de.html?dram:article_id=459749

Das Office of Naval Research der US-Marine arbeitet seit mehreren Jahren an einem Projekt unter dem Namen Swarm Boats. Ziel des Projektes sind automatisierte Boote, die Flugzeugträger und weitere Kriegsschiffe im Einsatz unterstützen sollen. Milliarden Dollar oder Euro fließen in Projekte mit Namen wie Sky Borg, in dessen Rahmen die US-Luftwaffe ein unbemanntes Kampfflugzeug bauen will, das neben Human gesteuerten Flugzeugen im Luftkampf agieren soll. Der Ende 2019 vorgestellte Mini-Panzer RIPSAW M5 ist in seiner jetzigen Version ferngesteuert. Dieser Panzer ist jedoch so konzipiert und mit genügend Kameras und Sensorik ausgestattet, dass ihn ein Software-Update ohne Probleme unter der Kontrolle Künstlicher Intelligenz funktionieren ließe.[33]

Das auch in Hamburg ansässige Unternehmen Airbus testete im Oktober 2017 die Begleitung von Kampfflugzeugen durch Drohnen in Rendsburg. Die Drohnen sollen später die Besatzung der Flugzeuge unterstützen, indem sie „aufklären, gegnerisches Radar und Kommunikation stören und auch selber Ziele bekämpfen" – vorausgesetzt sie werden bewaffnet. „Dies war der erste reale Test in Europa, der die operative Anwendung von solchen Drohnen-Schwärmen für die Luftwaffe demonstrierte und es ist super gelaufen, ein voller Erfolg", sagte der Projektleiter, der Luft- und Raumfahrtingenieur Thomas Gottmann, der „Ostsee Zeitung". Militärs der Bundeswehr, aus Frankreich und Spanien waren Gäste der Leistungsschau von Airbus. „Wir erforschen die Einsatzmöglichkeiten von unbemannten Drohnen für eine moderne Luftkampfstrategie der Zukunft", erläuterte Florian Taitsch, Sprecher von Airbus Defence and Space. Bis zum Jahr 2025 will Airbus ein Drohnen-Begleitsystem für Kampfflugzeuge entwickelt haben.[34]

Die Bundesakademie für Sicherheitspolitik (BAKS) erhöhte im Februar 2021 den Druck, um eine Beschaffung von Kampfdrohnen durchzusetzen. Wenn die Bundeswehr „eine einsatzfähige Streitkraft bleiben" wolle, die „auch gegen einen gut gerüsteten konventionellen Gegner bestehen" könne, dann sei die Beschaffung von Kampfdrohnen „aus militärischer Perspektive unabdingbar", heißt

[33] https://1e9.community/t/autonome-waffen-werden-kommen-wenn-wir-nichts-unternehmen/9252
[34] https://www.ostsee-zeitung.de/Nachrichten/MV-aktuell/Airbus-testet-Drohnen-ueber-Ostsee

es in einem Arbeitspapier der BAKS. Der Autor des Papiers leitet diese Notwendigkeit aus einer Analyse des Krieges um Bergkarabach im Jahr 2021 ab, der Verteidigungsministerin Annegret Kramp-Karrenbauers Einschätzung zufolge „der erste echte Drohnenkrieg der Geschichte" war. Geführt wurde er maßgeblich mit türkischen Kampfdrohnen, deren Entwicklung und Produktion auch auf deutschen Exporten und deutschem Know-how beruhen.

In dem BAKS-Papier wird endlich einmal Klartext gesprochen. Es widerlegt die immer wieder genutzte Behauptung Kampfdrohnen würden lediglich dem Schutz deutscher Soldat:innen dienen. Der Autor kommt zu der Einschätzung, dass moderne Drohnenkriege einen „enormen Verlust an Mensch und Verschleiß an Material" kosten und fordert deshalb zynisch einen satten „Aufwuchs an Mensch und Material,"[35] – und nicht etwa ein Verbot der Drohnen.

Am 14. April 2021 haben der Verteidigungsausschuss und der Haushaltsausschuss des Bundestags der Bewilligung von drei Milliarden Euro für die weitere Entwicklung der bewaffnungsfähigen „Eurodrohne" zugestimmt. Die konkrete Bewaffnung wird vorerst aufgeschoben. Die SPD gab für das Gesamtprojekt grünes Licht, obwohl sich die Basis der Partei sich immer wieder gegen bewaffnete Drohnen gestellt hat und stellt. Die „Eurodrohne" ist ein gemeinsames Projekt von Deutschland, Frankreich, Italien und Spanien. Seit 2016 entwickeln die Firmen Airbus und Dassault diese Drohne, die Bestandteil der europäischen Ständigen Strukturierten Zusammenarbeit (PeSco) ist. Die Bewaffnung der Drohne wurde in der Vorlage auf Druck der SPD vorerst ausgeschlossen. Allerdings wird der Erwartungsdruck der europäischen Partner:innen und der NATO in Bezug auf die Bewaffnung absehbar sehr groß sein, wenn die Eurodrohne im Jahr 2028 an die Streitkräfte geliefert wird. Es ist davon auszugehen, dass die Einschränkung – ohne Bewaffnung – dann ohne weiteres gestrichen wird. Zudem wird die Drohne aller Voraussicht nach exportiert werden – die Importländer können sie dann nach Belieben bewaffnen.[36]

---

[35] https://www.german-foreign-policy.com/news/detail/8522/
[36] https://www.andrej-hunko.de/start/aktuelles/5183-spd-ermoeglicht-bewaffnungsfaehige-kampfdrohnen-fuer-deutschland

Die Digitalisierung der Bundeswehr wird auch auf weiteren Ebenen vorangetrieben. Im Raum Halle/Leipzig wurde dazu im Juni 2020 die „Cyberagentur" gegründet, die sich an der Forschungsagentur des Pentagon, DARPA, orientieren soll. Gegründet wurde sie als bundeseigene GmbH. Sie soll mit ungefähr einhundert Mitarbeiter:innen und einem Budget von 350 Mio. Euro „bis 2023 und nach Möglichkeit mehreren Außenstellen an den wichtigsten Forschungsstandorten bundesweit sicherheitspolitisch relevante Themen identifizieren, entsprechende Forschung stimulieren, koordinieren und beauftragen."[37] „Wir managen also den Forschungsprozess", so der Leiter der bundeseigenen GmbH, Christoph Igel. „Geplant ist, dass Sicherheitsbehörden, die Bundespolizei, der Bundesnachrichtendienst (BND), der militärische Abschirmdienst (MAD), der Verfassungsschutz (VS) oder auch Teile der deutschen Streitkräfte auf diese Agentur mit Forschungsfragen zugehen können. Die Agentur soll dann versuchen, bei diesen Fragen mit Forschungsinstituten zusammenzuarbeiten".[38]

Weitere Möglichkeiten, militärische Bedürfnisse und Anwendungen für neue Technologien zu identifizieren, evaluiert der Cyber Innovation Hub (CIHBw) der Bundeswehr. Der CIH wurde 2017 eingerichtet und residiert in einer Fabriketage in Berlin-Moabit. Ziel des Projektes ist, eine Schnittstelle zwischen der „Gründerszene" einschließlich Kapitalgeber:innen und dem Militär herzustellen, um die Innovationsfähigkeit der Gründer:innen für die Bundeswehr nutzbar zu machen. Am 17. März 2021 fand die Präsentation von in diesem Rahmen im Wettbewerb entwickelten Projekten vor einer Jury statt, deren Angehörige „aus verschiedenen Bereichen der Bundeswehr und der zivilen Wirtschaft" stammen.[39] Von Seiten der Wirtschaft waren u.a. Vertreter:innen von SAP, Bosch und des Wagniskapitalunternehmens Project A beteiligt.

Diese Projekte zeigen einen Teil der Bandbreite, in der Künstliche Intelligenz und Digitalisierung für den militärisch-industriellen

---

[37] https://www.imi-online.de/2021/03/26/digitalisierung-und-ki-bei-der-bundeswehr/

[38] https://www.imi-online.de/2021/03/26/digitalisierung-und-ki-bei-der-bundeswehr/

[39] https://www.bundeswehr.de/de/aktuelles/meldungen/smart-solutions-innovativ-bundeswehr-5040560

Komplex interessant sind. Die Projekte befassen sich u.a. mit der Entwicklung einer neuen Software zur Krisenanalyse, der Entwicklung eines „digitalen Schießtrainers" oder eines Tarnmuster-Generators bis hin zu einem Korrosionsdetektor zur künstlich intelligenten Bilderkennung von Spuren von Schäden an Kriegsschiffen und Flugzeugen der Luftwaffe.[40]

Während es sich dabei teilweise um Detaillösungen handelt, die erst noch entwickelt werden sollen, ist man bei der Digitalisierung und auch dem Einsatz Künstlicher Intelligenz oft schon in der Erprobungs- und kurz vor der Einsatzphase. Das Projekt „gläsernes Gefechtsfeld", das die BWI aktuell gemeinsam mit dem französischen Unternehmen ATOS bei den Landstreitkräften der Bundeswehr einführt ist ein Beispiel dafür. Die BWI GmbH ist eine 100-prozentige Bundesgesellschaft. Als IT-Systemhaus der Bundeswehr sowie IT-Dienstleister des Bundes entwickelt und betreibt sie die Informations- und Kommunikationstechnik ihrer Kunden, insbesondere der Bundeswehr.

In einem Artikel der Computerwoche, bei dem es sich genau genommen um „sponsored content", also eine als Artikel getarnte Anzeige der BWI GmbH handelt – zu der seit Januar 2020 auch der oben genannte CIHBw gehört – wird erläutert: „Die maximale Vernetzung sowie aktuelle Lagebilder ermöglichen zunehmend ein gläsernes Gefechtsfeld, das die Einsatzführung in ihren Entscheidungen unterstützt. Dafür müssen die eingesetzten Systeme relevante Daten filtern, diese aufbereiten und passend zur jeweiligen Ebene des Gefechtsfeldes verfügbar machen. Mit Hilfe geeigneter Datenauswertung kann das militärische Führungspersonal schneller als der Gegner, angemessen und vor allem präziser agieren". Zentrales Element des Programms „Digitalisierung landbasierter Operationen" (D-LBO) ist eine sogenannte Battle Management Software (BMS). Hier hat man sich für das Produkt „Fire Weaver" des israelischen Rüstungsunternehmens Rafael entschieden, das v.a. für Spezialkräfte entwickelt wurde und bereits seitens der israelischen Streitkräfte angewendet wird.

Der auf polizeiliche und militärische Spezialkräfte ausgerichtete Blog „Spartanat" berichtet schwärmerisch über dessen Fähigkeiten:

---

[40]   ebd.

„'Fire Weaver' bietet den taktischen Streitkräften eine […] gemeinsame Sprache zwischen allen Sensoren und Schützen, die eine optimale Situationswahrnehmung und ein verbessertes Verständnis des Gefechtsfeldes gewährleistet. Ziele […], empfindliche Standorte und andere Points of Interest, werden sofort und präzise geteilt und auf der Grundlage von 3D-Modellen mit Hilfe der fortschrittlichen Bildverarbeitungstechnologie von ‚Rafael' auf die Systemvisierelemente übertragen. Dies ermöglicht es den Kämpfern, den genauen Standort des Feindes von jedem Aussichtspunkt und jeder Entfernung aus wahrzunehmen, unabhängig von ihrer eigenen Position. Darüber hinaus nutzt ‚Fire Weaver' die fortschrittlichen Algorithmen der künstlichen Intelligenz von ‚Rafael', verarbeitet die Kampfdaten, analysiert sie und priorisiert die Feuerzuweisung. ‚Fire Weaver' berechnet den optimalen Schützen für jedes Ziel auf der Grundlage von Parametern wie Standort, Sichtlinie, Wirksamkeit, aktuellem Munitionsstatus usw., wobei Kollateralschäden und Friendly Fire unter Berücksichtigung der Einsatzregeln in Echtzeit minimiert werden".[41]

Dass es sich dabei bei der Bundeswehr nicht lediglich um Zukunftspläne handelt, sondern entsprechende Technologien schon bald auch an der Grenze zu Russland zum Einsatz kommen sollen, beschreibt die BWI GmbH in einer Stellenanzeige in der Computerwoche: „Das für die Bundeswehr ausgewählte Führungssystem BMS [Battle Management System] wird im Rahmen der NATO-Eingreiftruppe ‚Very High Readiness Joint Task Force (Land) 2023' zum Einsatz kommen. Die BWI übernimmt für die Bundeswehr die IT-Serviceentwicklung, den Rollout der Software und den Betrieb der Services"

---

[41] https://www.imi-online.de/2021/03/26/digitalisierung-und-ki-bei-der-bundeswehr/

Hamburg

Der Hamburger Senat betreibt die von der Bundesregierung und der EU-Kommission vorgegebene aggressive Außenpolitik mit eigenen Mitteln mit. Allerdings wird versucht, dies möglichst leise zu tun, da den Regierenden bewusst ist, dass die Bevölkerung in einer Großstadt mit Hafen und linker Tradition eher friedlich eingestellt ist. Deshalb werden das Wirken der Führungsakademie und der Bundeswehruniversität, die zunehmende militärische Orientierung in der Wissenschaft, die wirtschaftlichen Beziehungen zu Unrechtsregimen wie in Kolumbien, der Türkei oder der Ukraine und die Rolle des Hamburger Hafens als bundesdeutsche und europäische Drehscheibe für Rüstungstransporte nicht offensiv propagiert, sondern eher im Stillen durchgeführt und ausgebaut. Dazu passt, dass die internationale Politik und die Europapolitik nicht bei einer Behörde, sondern direkt bei der Senatskanzlei angesiedelt und somit diese Bereiche schwerer parlamentarisch kontrollierbar sind. Dazu passt auch, dass Anfragen der Linksfraktion zum Bereich Militär, Bundeswehr und internationale Beziehungen vom Senat immer wieder ausweichend und undifferenziert, jenseits einer seriösen Bearbeitung im Sinne des Fragerechts der Abgeordneten, beantwortet werden.

Rüstungsproduktion und Rüstungstransporte

Weltweit heizen Rüstungsexporte bewaffnete Konflikte und Kriege an und zwingen Millionen Menschen zur Flucht. Rüstungsriesen wie Rheinmetall, Krauss-Maffei Wegmann, Airbus oder die Lürssen Werften, zu denen auch Blohm und Voss gehört, machen damit Milliarden-Gewinne.

In und um Hamburg produzieren momentan mehr als 93 Unternehmen Rüstungsgüter. Über den Hafen werden pro Jahr 1.000 Container mit Munition verschifft. Das sind drei Container (rund 20 Tonnen) pro Tag – dazu kommen noch Waffen, Panzerwagen, Panzer, Raketenwerfer und Kriegsschiffe und großem Ausmaß. Transportiert wird zum Beispiel nach Mexiko, Brasilien oder Kolumbien – in Länder, in denen die Menschenrechte mit Füßen getreten werden. Auch nach Saudi-Arabien und in die Türkei, die damit unter anderem im Jemen, in Syrien und gegen die Kurd:innen Krieg führen. Allein im ersten Quartal 2020 wurden trotz Corona Panzerkampfwagen und Kriegsschiffe im Wert von 200 Millionen Euro exportiert.

Auch der Export von Kleinwaffen, den Massenvernichtungswaffen des 21. Jahrhunderts, ist in den letzten Jahren massiv gestiegen. Im Jahr 2017 wurden aus Hamburg Pistolen und Sturmgewehre im Wert von 500.000 Euro verschifft – 2018 für fünf Millionen und 2019 für mehr als 13 Millionen Euro. Und dieser rasante Aufstieg hält an. So stiegen die Exporte von Pistolen über den Hamburger Hafen im 2. und 3. Quartal 2020 auf jeweils 12,6 und 13,2 Millionen Euro.

Die wichtigsten Hamburger Rüstungs-Produzenten:

Airbus erscheint in Hamburg oberflächlich betrachtet als ziviler Flugzeugbauer. Der Konzern EADS, zu dem Airbus gehört, ist aber auch der zweitgrößte Rüstungskonzern in Europa und eines der größten Rüstungsunternehmen weltweit. Rund die Hälfte aller deutschen Rüstungslieferungen an die Bundeswehr stammt von EADS.

Der Vorläufer von Airbus wurde 1933 als Hamburger Flugzeugbau HFB, Tochterfirma der Werft Blohm + Voss gegründet. Im 1936 gebauten Finkenwerder Werk produzierten 5000 Beschäftigte Flugzeuge und Flugboote für die NS-Luftwaffe. Nach dem Krieg von den Gebrüdern Blohm neu gegründet, fusionierte das Unternehmen 1969 mit anderen zu Messerschmitt-Bölkow-Blohm MBB und 1990 mit Daimler Benz zur DASA. Heute ist Airbus einer von sechs Konzernen (Geschäftsfeldern) im europäischen Konzernverbund European Aeronautic Defense and Space Company (EADS).[42]

Die gemeinsame Entwicklung aufwendiger Rüstungsprojekte war Grundlage für die Entstehung von EADS, an der mehrere europäische Regierungen und Rüstungskonzerne beteiligt waren. EADS beschäftigt weltweit rund 120.000 Mitarbeiter. In den Werken werden zivile und militärische Flugzeuge, Hubschrauber, Raketen, Satelliten, Flugzeugzubehör und Elektronik, Grenzbefestigungssysteme, Sicherheits- und Polizeitechnik und Drohnen und Zubehör dafür produziert.

In Finkenwerder wurde u.a. der Militärtransporter Transall C160 gebaut, der an die Bundeswehr, an Frankreich, Südafrika, Indonesien und die Türkei geliefert wurde und seit dem Zypernkrieg 1974 in vielen Kriegen eingesetzt worden ist. Auch die Militärvariante des A310 (als Tankflugzeug, Seeaufklärer, Minenleger oder Kommandozentrale) wurde hier gebaut, der A320 in der Hamburger Entwicklungsabteilung als U-Boot-Jäger konzipiert. Der Umbau der Typen A300, A310 und A340 zur militärischen ATT-Version (Air-

---

[42] http://ruestungsexport-info.de/fileadmin/media/Dokumente/R%C3%BCstung
___Gesellschaft/R%C3%BCstungsexporteure_R%C3%BCstungsindustrie/R%
C3%BCstungsatlas/Aken-Ruestung_Hamburg-Dezember2011.pdf

bus Tanker Transport) für die deutsche, kanadische, französische und thailändische Luftwaffe erfolgte auch in Hamburg.

Um auch schweres Gerät und große Truppenkontingente weltweit zu Kriegseinsätzen transportieren zu können, wurde seit 1991 der neue Militärtransporter A400M konzipiert. Standortlobbying des Hamburger Senats sorgte dafür, dass 200 Mitarbeiter im Werk Finkenwerder mit Entwicklungsaufgaben, Tests und der Erstellung des Handbuchs für das Kriegsflugzeug betraut wurden. Heute findet die Produktion des A400M formal unter Regie des Geschäftsbereichs Airbus Military mit Hauptsitz in Sevilla statt. Faktisch sind jedoch militärischer und ziviler Bereich bei Airbus kaum bis gar nicht zu trennen. So laufen z. B. der Einkauf und die Berichtssysteme gemeinsam, werden industrielle, technische und personelle Ressourcen flexibel von beiden Bereichen gemeinsam genutzt.[43]

Airbus fertigt auch Eurofighter Kampfflugzeuge, den Hubschrauber NH90 und weitere Modelle von Eurocopter. Drohnen vom Typ Heron 1 aus israelischer Produktion werden schon jetzt über Airbus an die die Bundeswehr verleast. Bei den Kampfdrohnen für die Bundeswehr des Typs HERON TP laufen das Leasing und die Wartung ebenfalls über Airbus.

Auch beim europäischen Kampfflugzeugsystem der Zukunft „Future Combat Aircraft System" (FACS) ist Airbus maßgeblich beteiligt. FACS ist ein System, zu dem neben Kampfflugzeugen auch Drohnen-Schwärme, Satelliten, Bodenstationen, Cybersicherheit, Künstliche Intelligenz, Betankungsflugzeuge und die nächste Generation des fliegenden Radarsystems Awacs gehören. Künstliche Intelligente Waffen sollen hier mit von Soldaten gesteuerten Waffen vernetzt agieren. Der Betriebsrat von Airbus hat die Gesamtkosten des Systems auf rund 300 Milliarden Euro geschätzt. Im Juli 2017 haben Bundeskanzlerin Merkel und der französische Präsident Macron das Programm auf den Weg gebracht.[44]

Airbus testete im Oktober 2017 die Begleitung von Kampfflugzeugen durch Drohnen in Rendsburg. Die Drohnen sollen später die

---

[43] Hamburger Abendblatt 5./6.7.1997, Spiegel 13.5.1996, Soldat + Technik Nr. 3/199
[44] https://www.faz.net/aktuell/wirtschaft/annaeherung-bei-europas-groesstem-ruestungsprojekt-fcas-17276796.html

Besatzung der Flugzeuge unterstützen, indem sie „aufklären, gegnerisches Radar und Kommunikation stören und auch selber Ziele bekämpfen" – vorausgesetzt sie werden bewaffnet.

2020 fiel der Konzern durch einen Skandal auf. Airbus hatte bei Flugzeugverkäufen, nicht nur im Bereich der zivilen Luftfahrt, weltweit bestochen und musste dafür 3,6 Milliarden Euro Strafe zahlen. Veröffentlichte Unterlagen der Ermittler:innen aus Großbritannien, Frankreich und den USA zeigten, wie vor allem Mittelsmänner über dunkle Kanäle Millionengelder zahlten, um Aufträge zu gewinnen. Es wurde nahezu auf allen Kontinenten bestochen oder verschleiert.[45]

Im September 2020 wurde öffentlich, dass Airbus die türkischen Streitkräfte bei der Wartung von Transportflugzeugen, die nach Libyen fliegen, unterstützte. Die Türkei bringt trotz UN-Embargo Waffen, Rüstungsgerät und Söldner in das Bürgerkriegsland[46], arbeitet mit dem IS zusammen und ist in Nordsyrien für einen völkerrechtswidrigen Einmarsch und Kriegsverbrechen verantwortlich. Fraglich ist, inwieweit Airbus Hamburg an der Wartung der Transportflugzeuge beteiligt war und ist.

Blohm+Voss (Lürssen) konstruiert und baut seit über 100 Jahren Kriegsschiffe: Fregatten, Korvetten, U-Boote, Zerstörer und Schnellboote. Schon die Flotte Kaiser Wilhelms II. wurde in diesem Betrieb gebaut. In der Zeit des Faschismus koordinierte Firmeninhaber Rudolf Blohm zeitweise den gesamten Kriegsflottenbau des Deutschen Reichs. Tausende Zwangsarbeiter und KZ-Häftlinge mussten bei Blohm und Voss arbeiten, unzählige bis in den Tod. Bis heute erinnert keine Gedenkstätte an sie. Eine in den 50er Jahren von Betriebsrät:innen angebrachte Gedenktafel wurde entfernt. Nach dem Krieg machten die Firmeneigentümer trotz tiefer Verstrickung in das NS-Regime ihr Unternehmen wieder profitabel. Seit den 1970er Jahren hat die Hamburger Werft mehr als 64 Kriegsschiffe entwickelt, gebaut und in die ganze Welt verkauft. Sie gingen unter anderem nach

---

[45] https://www.welt.de/wirtschaft/article205518817/Korruptionsskandal-Airbus-hat-fuer-Flugzeugverkaeufe-weltweit-bestochen.html

[46] https://www.tagesschau.de/investigativ/report-muenchen/airbus-tuerkei-libyen-101.html

Israel, Nigeria, Argentinien, Portugal, Griechenland, Türkei, Südafrika, Malaysia, Australien und Neuseeland. Beim Export verkauft Blohm + Voss oft lediglich Baupläne und Know-How an Länder, in denen die Schiffe dann produziert werden. Weil die Auftraggeber aus diesem Grund niedrigere Preise zahlen und Arbeitsplätze in eigenen Rüstungswerften halten können, sind Kriegsschiffmodelle von Blohm + Voss international besonders begehrt.[47]

Blohm und Voss gehört seit 2016 zur Lürssen-Gruppe. Die Lürssen-Gruppe beschäftigt(e) auch während des Jemenkrieges Mitarbeiter:innen in Saudi-Arabien, die bei der Ausbildung von Schiffsmannschaften und am Unterhalt von Patrouillenbooten beteiligt waren. Im Dezember 2018 waren laut einer internen Aufstellung 29 Lürssen-Mitarbeiter:innen in Saudi-Arabien tätig. Saudi-Arabien hatte bei Lürssen 33 Patrouillenboote bestellt. „Bei einem Angriff im September 2018 beschädigten sogenannte Huthi-Rebellen sowohl eines der Patrouillenboote aus Wolgast wie außerdem ein Landungsboot aus dem Hause Lürssen, das 189 Meter entfernt im selben Hafenbecken in Jizan lag. An einem Gebäude an der Kaimauer – unweit des dortigen Lürssen-Büros – sei sogar schwerer Schaden entstanden", hieß es in einer Präsentation von Lürssen im Dezember 2018. Ob dort auch Mitarbeiter von Blohm+Voss aus Hamburg beschäftigt waren, wollte der Senat auf Anfrage der Linksfraktion (Drs.21/19136) nicht beantworten.[48]

2020 erhielt Blohm+Voss einen Auftrag zur 80-prozentigen Beteiligung am Bau von vier schwerbewaffneten, hochmodernen Mehrzweckkampfschiffen MKS 180 im Wert von sechs Milliarden Euro, die unter Projektleitung der niederländischen Damen Werft gebaut werden sollen.[49]

---

[47] http://ruestungsexport-info.de/fileadmin/media/Dokumente/R%C3%BCstung ___Gesellschaft/R%C3%BCstungsexporteure_R%C3%BCstungsindustrie/R% C3%BCstungsatlas/Aken-Ruestung_Hamburg-Dezember2011.pdf

[48] https://www.buergerschaft-hh.de/parldok/dokument/68839/luerssen_nutzt _eine_luecke_im_ruestungsexportverbot_nach_saudi_arabien_sind_auch_bloh m_und_voss_und_oder_die_norderwerft_beteiligt.pdf

[49] https://www.24hamburg.de/hamburg/hamburger-hafen-mks-180-blohm-voss- mks-coronavirus-kriegsschiff-deutsche-marine-bundesregierung- 90004384.html

Die **Euler Hermes Kreditversicherungs AG** ist eine Tochter des Allianz-Konzerns. Eines ihrer Hauptprodukte ist die Abwicklung von Exportkreditgarantien im Auftrag des deutschen Staates. Landläufig Hermes-Bürgschaften genannt, sind sie ein bedeutender Bestandteil der deutschen Außenwirtschaftsförderung. Staatliche Hermes-Garantien schützen deutsche Exporteure vor Verlusten durch ausbleibende Zahlungen, die in dem Fall vom deutschen Staat in Höhe von üblicherweise 90-95 % übernommen werden. Diese Übernahme – finanziert durch unser aller Steuergelder – ist eine indirekte Subvention. Euler Hermes versichert im großen Umfang Rüstungsgeschäfte, u.a. den Transfer von Korvetten, Patrouillenbooten und U-Booten und weiterer Rüstungsgütern an die Türkei, Südkorea und Israel. Hermes-Bürgschaften werden den deutschen Unternehmen auf Antrag gewährt. Diese Genehmigungen sind nicht veröffentlichungspflichtig.[50] Im Jahr 2019 hat der Bund die Gewährleistung für Auftragswerte in Höhe von rund 21 Milliarden Euro übernommen. Hermes-Deckungen werden gewährt, wenn Kriterien der Förderungswürdigkeit und der risikomäßigen Vertretbarkeit erfüllt sind. Die Förderungswürdigkeit kann sich aus der Schaffung oder Sicherung von Arbeitsplätzen in Deutschland, strukturpolitischen Erwägungen und in Verbindung mit außenpolitischen Zielen ergeben.[51] Leider spielen bei den Kriterien weder die Einhaltung der Menschenrechte noch die Kriegspolitik der Länder, in denen investiert und abgesichert wird, eine ausreichende Rolle.

Krauss-Maffei Wegmann – KMW Schweisstechnik GmbH übernahm in Hamburg 2006 den früheren Unternehmensbereich „Wehrtechnik Land" von Blohm + Voss Industries. Der Standort Hamburg (Elbtunnel) ist das „Kompetenzzentrum für Schweißtechnologie" u.a. für Panzerwannen und Panzertürme des Kampfpanzers Leopard 2. Dieser wurde und wird unter anderem bei der völkerrechtswidrigen Besetzung Nordsyriens/Rojavas von der türkischen Armee und islamistischen Söldnern eingesetzt. KMW produziert Panzer (Puma, Gepard, Leopard u.a.), Artilleriegeschütze (Panzerhaubitzen Donar,

---

[50] http://ruestungsexport-info.de/fileadmin/media/Dokumente/R%C3%BCstung
    ___Gesellschaft/R%C3%BCstungsexporteure_R%C3%BCstungsindustrie/R%
    C3%BCstungsatlas/Aken-Ruestung_Hamburg-Dezember2011.pdf
[51] https://www.bundesfinanzministerium.de/Web/DE/Themen/Internationales
    _Finanzmarkt/Finanz_und_Waehrungspolitik/Auslandsgewaehrleistungen_des
    _Bundes/auslandsgewaehrleistungen.html

PzH2000 u.a.), gepanzerte Radfahrzeuge (Boxer, Mungo u.a.), den Minenwerfer Skorpion und bietet dazugehörige Schieß- und Fahrtrainingssysteme an. Im Jahr 2010 verkaufte Siemens seinen 49-Prozent Anteil an die Familie Wegmann, die zuvor bereits 51 Prozent Stimmrechtsanteil besaß.

2019 wurde bekannt, dass eines der größten Geschäfte der deutschen Rüstungsindustrie von Zahlungen an eine Briefkastenfirma überschattet wurde. Laut einem Entscheid des Schweizer Kantonsgerichts Zug könnte die Firma Kingdom Projects in Doha mehr als 28 Millionen Euro für die Vermittlung eines milliardenschweren Deals zwischen Krauss-Maffei Wegmann und dem Wüstenstaat Katar erhalten haben. Die Bundesregierung genehmigte das Geschäft 2012. KMW lieferte 62 Kampfpanzer des Typs Leopard 2 A7, 24 Panzerhaubitzen PzH2000 und zahlreiche andere Rüstungsgüter im Wert von rund 1,9 Milliarden Euro nach Katar.[52] Katar unterstützt den Islamischen Staat.[53] Einige Nachbarländer haben deshalb zwischenzeitlich die diplomatischen Kontakte zu Katar abgebrochen.[54]

Rheinmetall Waffe Munition in Trittau, **Rheinmetall Technical Publications GmbH**, **Rheinmetall Landsysteme GmbH** in Hamburg und **Rheinmetall Electronics GmbH** in Wedel.

Seit weit über einem Jahrhundert stellt Rheinmetall Kriegsmaterial her. Schon 1889 belieferte die Firma das Kaiserreich und das Ausland mit Geschützen, Handfeuerwaffen und Patronen. Der 1. Weltkrieg brachte einen großen Aufschwung: die Belegschaft von Rheinmetall wuchs von 8.000 auf 48.000 Mitarbeiter:innen. Der Versailler Vertrag (1920) nach Kriegsende zwang Rheinmetall zu einer Umstellung auf zivile Produktion. Zunächst wurden Lokomotiven, Eisenbahnwaggons, Landmaschinen, Dampfpflüge und feinmechanische Geräte wie Schreib- und Rechenmaschinen hergestellt.

---

[52]   https://www.handelsblatt.com/unternehmen/industrie/ruestungsindustrie-dubiose-zahlungen-ueberschatten-einen-der-groessten-deutschen-ruestungsdeals/24468158.html
[53]   https://www.cicero.de/innenpolitik/katar-der-finanzielle-schutzpatron-des-terrors/58221
[54]   https://www.tagesspiegel.de/politik/katar-was-am-vorwurf-der-terrorhilfe-dran-ist/19898640.html

Durch die Aufrüstung der Wehrmacht in den 1930er Jahren und den 2. Weltkrieg erfolgte ein neuer Boom. Produziert wurden nun wieder Munition und Waffen: Maschinengewehre, Kanonen, Panzerabwehrgeschütze, Minenwerfer, Flugabwehrkanonen und Eisenbahngeschütze. Aufgegangen in den Reichswerken Hermann Görings wurden in der Firma 600.000 Zwangsarbeiter:innen ausgebeutet. Nach der Befreiung vom Faschismus waren die Werke der Firma größtenteils zerstört. Einige wurden vollständig demontiert, in anderen wurden Büromaschinen sowie Fotoapparate hergestellt. Seit der Aufstellung der Bundeswehr 1956 produziert Rheinmetall erneut Maschinengewehre, Kanonen, Munition, seit 1964 zudem schwere Waffen. Rheinmetall ist einer der größten europäischen Rüstungskonzerne.

Die Firma entwickelt und produziert an den Standorten Trittau und Unterlüß großkalibrige Waffenanlagen für Panzer und Artilleriesysteme (Maschinengewehre, Maschinenkanonen) einschließlich der entsprechenden Munition; dazu zählt etwa die Waffenanlage für den Rheinmetall-Kampfpanzer Leopard 2. Die Hauptproduktgruppen umfassen Fahrzeugbewaffnungen, Flugzeug-Bordbewaffnung und Marinegeschütze einschließlich deren Munition sowie Munition für Flugabwehrsysteme. Der Standort Landsysteme Hamburg ist eine Zweigstelle und stellt momentan Führungskräfte für das Projekt LAND 400 ein. „LAND 400 ist ein bedeutendes internationales Projekt, in dessen Rahmen die Panzeraufklärungs- und Panzergrenadierkräfte der australischen Streitkräfte mit neuem Großgerät ausgestattet werden. Es sollen Geräte im Wert von 6 Milliarden Euro gebaut werden. Der größte Einzeldeal aller Zeiten."[55]

Rheinmetall Technical Publications agiert seit 2007 als eigenständige GmbH, deren „Schwerpunkt im Bereich der Erstellung von technischer Dokumentation und logistischer Analysen und Konzepten für den zivilen und militärischen Markt" liegt. So werden logistische Leistungen für das gepanzerte Fahrzeug Boxer und für die Marinehubschrauber SEA KING MK 41 und SEA LYNX Mk88A sowie den mittleren Transporthubschrauber CH-53 der Bundeswehr sowie die technische Dokumentation für das A400M Transportflugzeugprogramm von Airbus Defence and Space und die Betreuung

---

[55] https://www.rheinmetall.com/de/rheinmetall_ag/career_1/career_special_land400/index.php

von Projekten für diverse Marinesysteme, unter anderem U-Boote vom Typ U209, U212A, U214, Fregatten F123 und F124 sowie die Unterwasserdrohne Seafox geleistet.[56]

Zurzeit stellt eine Gruppe von Menschenrechtsanwälten eine Strafanzeige gegen Rheinmetall und Airbus beim Internationalen Strafgerichtshof in Den Haag. Hintergrund sind die Lieferung von Rüstungsgütern an Saudi-Arabien und deren Verbündete, die im Jemenkrieg genutzt werden.[57]

Mit Waffen aus dem Hause Rheinmetall wird nahezu auf der ganzen Welt getötet. Das Unternehmen ist Mitgliedsfirma im Förderkreis Deutsches Heer.[58]

DNV, bis 2021 DNV/GL, bis 2013 Germanischer Lloyd bietet Reedern, Werften und Zulieferbetrieben die gesamte Bandbreite technischer Dienstleistungen, von der Klassifikation über Beratungs- und Ingenieursdienstleistungen, Zertifizierungen und Schulungen bis hin zu Softwarelösungen.

Die Germanische Lloyd AG wirkte mit beim Bau zahlreicher Fregatten, U-Boote, Schnellboote und Tender der Bundesmarine, pflegte aber auch vielfältige Geschäftsbeziehungen zu ausländischen Marinewerften und Seestreitkräften. Die Germanische Lloyd AG betreute den Kriegsschiffbau u.a. in deutschen, spanischen, argentinischen und australischen Werften. Zu den Kunden gehören die Streitkräfte von Saudi-Arabien, Katar, Ägypten, Jemen, Iran, Nigeria, Ghana, Mauretanien, Südafrika, Mexiko, Kolumbien, Argentinien, Ecuador, Venezuela, Griechenland, Spanien, Portugal, Australien, Israel, Südkorea, Indonesien, Philippinen, Thailand, Malaysia, Estland, Lettland und der Türkei. Mehr als 50 Fregatten, 42 Korvetten, 35 U- Boote und U-Boot-Systeme, 39 Minenjagd- und Minenräumschiffe, 226 Patrouillenboote, 16 Landungsschiffe

---

[56] https://www.rheinmetall-tp.com/de/rtp/projekte/militaerische_projekte_1/index.php

[57] https://www.sueddeutsche.de/politik/jemen-saudi-arabien-kriegsverbrechen-airbus-1.4718759

[58] http://ruestungsexport-info.de/fileadmin/media/Dokumente/R%C3%BCstung___Gesellschaft/R%C3%BCstungsexporteure_R%C3%BCstungsindustrie/R%C3%BCstungsatlas/Aken-Ruestung_Hamburg-Dezember2011.pdf

und viele weitere militärische Spezialschiffe und Anlagen wurden von GL mitentwickelt, bei der Herstellung überwacht bzw. technisch geprüft.[59]

Die **DNV** ist die Nachfolgeorganisation des Germanischen Lloyd (bis März 2021 *DNV GL*) mit Sitz in Norwegen. Die internationale Klassifikationsgesellschaft entstand im Jahr 2013 durch einen Zusammenschluss der zwei führenden Klassifikationsgesellschaften Det Norske Veritas und Germanischer Lloyd. Das Unternehmen beschäftigt seit 2015 weltweit etwa 12.100 Mitarbeiter:innen an 400 Standorten in 100 Ländern. Das Portfolio umfasst 13.175 Schiffe und MOUs (Mobile Offshore Units); das entspricht einem Marktanteil von 21 Prozent. Die Serviceangebote konzentrieren sich zudem auf erneuerbare Energien und Elektrifikation sowie Öl und Gas.[60]

Die **IBM DEUTSCHLAND GMBH** unterhält einen eigenen Bereich Verteidigung und ist seit Jahrzehnten im Militärsektor aktiv. Die Firma wirbt mit dem Spruch „Verbessern Sie die Einsatzbereitschaft mithilfe umfangreicher und kleinerer militärischer KI-Anwendungen." IBM bietet in diesem Bereich umfassende Dienstleistungen sowie die Entwicklung und Integration von Sicherheitsprodukten. An die HDW verkaufte IBM Software für die Konstruktion der U-Boote vom Typ 214. IBM wurde ferner vom Verteidigungsministerium mit der Ausrüstung von insgesamt acht Fregatten der Klasse F 122 mit dem Taktischen Datenlinksystem „LINK 16" beauftragt. LINK 16 ist ein Datenfunkstandard, der die Abbildung eines unbeschränkten Lagebilds und den Austausch von Lagedaten zwischen verschiedenen Einheiten der Deutschen Marine und anderen NATO-Einheiten ermöglicht. Zu den Kunden des militärischen Geschäftsfelds Network-Centric Operations gehören u.a. Bundeswehr und Bundesmarine sowie die USA, Großbritannien, Belgien, Norwegen und die Niederlande. Das Unternehmen ist Mitglied im Förderkreis Deutsches Heer und in der Deutschen Gesellschaft für Wehrtechnik.[61] In Zusammenarbeit mit Siemens modernisierte IBM

---

[59] Ebd.
[60] https://www.dnv.com
[61] http://ruestungsexport-info.de/fileadmin/media/Dokumente/R%C3%BCstung
      ___Gesellschaft/R%C3%BCstungsexporteure_R%C3%BCstungsindustrie/R%
      C3%BCstungsatlas/Aken-Ruestung_Hamburg-Dezember2011.pdf

zwischen 2006 und 2016 im Rahmen des „Herkules-Projektes" die IT der Bundeswehr.[62]

Im Jahr 2018 unterzeichneten IBM und die Bundeswehr Universität in München einen Vertrag über einen am Forschungsinstitut Cyber Defence CODE der Universität der Bundeswehr München angesiedelten „Knotenpunkt", der Teil des IBM-Q-Networks ist – einem weltweiten Verbund von Forschungszentren, Universitäten und Unternehmen zur Erforschung der Quantencomputing-Technologie und zur Entwicklung der ersten praktischen Einsatzmöglichkeiten für Industrie und Wissenschaft.[63]

IBM hatte den deutschen Faschisten schon seit der Machtübernahme durch Hitler Lochkarten für eine Volkszählung zur Erfassung von Juden sowie Sinti und Roma verkauft und damit zu deren Vernichtung beigetragen.[64]

MAN Diesel & Turbo baut Motoren für Kriegsschiffe und bietet Wartung, Instandhaltung und Ersatzteilversorgung an. Das Unternehmen beliefert auch die Bundeswehr. Weitere militärische Kunden kommen aus Holland, Frankreich, Mexiko, Argentinien, Thailand und Trinidad & Tobago. MAN Nutzfahrzeuge, zweites Standbein der MAN Gruppe, ist seit Gründung der Bundeswehr ein Hauptlieferant für Militärfahrzeuge, der mittlerweile 150 internationale Streitkräfte bestückt hat. Die Palette umfasst Raketenträger, Truppentransporter, Panzertransporter, Wechselladebrücken und mobile Antennenmastanlagen. Allein an die British Army lieferte MAN seit 2005 insgesamt 7200 Spezialfahrzeuge. Seinen Militärfahrzeugbau führt MAN seit 2010 mit Rheinmetall zusammen. Das Joint Venture Rheinmetall MAN Military Vehicles erwartet Jahresumsätze von über einer Milliarde Euro. Zum 1. Januar 2019 hat Rheinmetall durch einen Rückkauf von Gesellschaftsanteilen, die die MAN Truck & Bus AG an Teilen des Joint Ventures Rheinmetall MAN Military Vehicles GmbH (RMMV) gehalten hat, seinen Anteil an den Geschäftstätigkeiten im Bereich taktischer Radfahrzeuge auf 100 Prozent erhöht.

---

[62] https://www.herkules-fakten.de/

[63] https://www.egovernment-computing.de/bundeswehr-uni-muenchen-wird-teil-des-ibm-q-netzwerks-a-737100/

[64] https://de.wikipedia.org/wiki/IBM_und_der_Holocaust

Im Bereich der logistischen Fahrzeuge – also der Militär-Lkw – führen Rheinmetall und MAN die bewährte Zusammenarbeit unverändert fort. Die Rheinmetall AG hält weiterhin 51 Prozent der Gesellschaftsanteile am gemeinsamen Joint Venture, MAN 49 Prozent. Das Joint Venture hatte zuletzt Lkw-Großaufträge in Australien und bei der Bundeswehr gewonnen.[65]

Siemens Marine Solutions vertreibt elektrische Anlagen, Energieerzeugung- und Automationsanlagen sowie Antriebe für U-Boote, Fregatten, Zerstörer, Patrouillenboote und Munitionsschiffe. Der Firmenprospekt listet 37 technologische Neuentwicklungen eigens für den Kriegsschiffbau. Projekte für die Bundesmarine waren die U-Boote der Klassen 212 und 214, die Fregatten 215 und der dritte Einsatzgruppenversorger 702. Zu den Kunden gehören die NATO- und „andere befreundete Marinestreitkräfte" wie Abu Dhabi, Bahrain, Chile, Ecuador, Indonesien, Israel, Kolumbien, Malaysia, Südafrika, Thailand und Venezuela. Siemens ist förderndes Mitglied der Deutschen Gesellschaft für Wehrtechnik.[66]

Im Rahmen der Digitalisierung für den Marineschiffbau bietet Siemens „fortschrittliche Lösungen für die Konstruktion, Produktion und Instandhaltung moderner Flotten" und erklärt, dass „Marineschiffswerften heute in der Lage sein" müssten, „große Programme zu steuern, Änderungen agil zu managen und effizient mit der Modularität umzugehen, während sie gleichzeitig eine höhere Schiffsleistung und Erschwinglichkeit bieten. Die Softwarelösungen von Siemens Digital Industries für den Marineschiffbau ermöglichen es Werften, bessere Schiffe zu wettbewerbsfähigeren Preisen und mit einem kürzeren Produktionszyklus zu bauen und damit die zukünftige Verfügbarkeit, Anpassungsfähigkeit und Zuverlässigkeit der Flotte zu verbessern." Das wird unter anderem für die Produktion der Ford Klasse nuklear getriebener Flugzeugträger der US-Navy umgesetzt.[67]

---

[65] https://ir.rheinmetall.com/download/companies/rheinmetall/Annual%20Reports /DE0007030009-JA-2019-EQ-D-01.pdf

[66] http://ruestungsexport-info.de/fileadmin/media/Dokumente/R%C3%BCstung ___Gesellschaft/R%C3%BCstungsexporteure_R%C3%BCstungsindustrie/R% C3%BCstungsatlas/Aken-Ruestung_Hamburg-Dezember2011.pdf

[67] https://www.siemens-energy.com/global/en/offerings/industrial- applications/marine.html

MTU Friedrichshafen entwickelt und produziert Antriebssysteme für Panzer, U-Boote und Kriegsschiffe. Auf diesem Markt hält MTU „seit Jahren eine unangefochtene Spitzenposition": Weltweit sind die meisten konventionellen U-Boote MTU-motorisiert, und auch Überwasserkriegsschiffe mit Motoren der Marke MTU fahren auf allen Weltmeeren – die Firma hat nach eigenen Angaben „beinahe alle Marinen dieser Welt" beliefert. Motoren für unzählige Panzertypen – ob Leopard I und II, Leclerc Tropicalisé, Puma, Boxer, Gepard, Marder oder US Army Future Combat System – liefert MTU in über 20 Länder. MTU ist Mitgliedsfirma im Förderkreis Deutsches Heer und unterhält in Hamburg ein Vertriebsbüro.[68]
Die Firma wirbt zum Beispiel: „Wenn der Puma in Fahrt kommt" – Sein **mtu**-PowerPack ermöglicht dem Panzer Puma seine Einsatzfähigkeit in allen Klimazonen, seine Wendigkeit und Transportfähigkeit. MTU lieferte 2011 und 2012 entgegen Rüstungsexportbestimmungen über den Umweg Ukraine Motoren für Radpanzer nach Thailand.[69] Leopard 2-Panzer mit MTU Motoren werden bei der völkerrechtswidrigen Besetzung in Nordsyrien/Rojava von der türkischen Armee und dem IS eingesetzt.[70]

Die **Ferchau Engineering GmbH** ist nach eigenen Angaben deutscher Marktführer bei Ingenieurdienstleistungen. Im Militärsektor ist sie in den Bereichen Luft- und Raumfahrt sowie Marine tätig. Bei der Fertigung von Unter- und Überwasserkriegsschiffen setzt die Firma auf eine „strategische Partnerschaft" mit den Werften Lürssen und ThyssenKrupp Marine Systems. Im militärischen Luft- und Raumfahrtbereich ist man u.a. für EADS Military Air Systems, Eurocopter, Latecoere, Astrium und Cassidian tätig. Unter Regie von MTU sind über 40 IT-Consultants von Ferchau an der Entwicklung der Triebwerkselektronik des Airbus-Militärfliegers A400M und des Eurocopter-Hubschraubers Tiger beteiligt. Andere Ferchau-Mitarbeiter:innen arbeiten an der Entwicklung der A400M-

---

[68] http://ruestungsexport-info.de/fileadmin/media/Dokumente/R%C3%BCstung___Gesellschaft/R%C3%BCstungsexporteure_R%C3%BCstungsindustrie/R%C3%BCstungsatlas/Aken-Ruestung_Hamburg-Dezember2011.pdf

[69] https://www.waffenvombodensee.com/mtu-motoren-fur-panzer/mtu-motoren-gegen-demonstranten-in-thailand/

[70] https://www.suedkurier.de/ueberregional/wirtschaft/Proteste-gegen-Leopard-Panzer-bei-MTU;art416,9619757

Flugzeugstruktur und des Military-Mission Management Systems (M-MMS). Am Standort Hammerbrookstraße arbeiten u.a. Spezialisten für Waffenleitsysteme.[71]

Die **Kongsberg Maritime GmbH** ist spezialisiert auf Marineelektronik, unbemannte Unterwasserfahrzeuge, Navigationssysteme, Radare, Informationssysteme sowie Autopiloten. Der Mutterkonzern ist das führende Rüstungsunternehmen Norwegens und beliefert alle westlichen Streitkräfte. Das Tochterunternehmen beliefert die Bundeswehr. Zu den bekanntesten Waffensystemen von Kongsberg gehören die fernbedienbare Waffenstation des Stryker-Radpanzers (Protector M151) der US-Army, von dem der die Bundeswehr 10 Stück zur Drohnenabwehr bestellt hat und die Seezielflugkörper Naval Strike Missile.[72] [73] Remontowa Shipbuilding in Gdansk, Polen, hat Kongsberg Maritime 2014 beauftragt, ein HUGIN 1000 MR Autonomous Underwater Vehicle (AUV) zu liefern. Auch zugehörige Technologien zur Unterwasser-Kommunikation und Positionierung sind Teil des Lieferumfangs für das Minenjagdboot der polnischen Marine, das für den Einsatz in der Minenabwehr (MCM) gebaut wird.[74]

Die **Rohde&Schwarz GmbH** produziert stationäre und mobile Systeme zur Erfassung, Ortung und Analyse von Funksignalen, darunter auch zur Drohnenabwehr. Zu den Kunden gehören die Bundeswehr und weitere NATO-Streitkräfte. Die Produkte sind zu finden im Eurofighter, im Militär-Transportflugzeug Airbus 400M, in den Helikoptern Tiger und NH90 sowie auf Fregatten der Klasse F124 und U-Booten vom Typ U212A. Im Jahr 2020 lieferte Rohde & Schwarz Funkgeräte der R&S Series 4200 und R&S M3SR Series 4400für den reibungslosen Ablauf der militärischen Flugsicherung an über 20 Bundeswehrflugplätzen, sowie der IT-Schule der

---

[71] http://ruestungsexport-info.de/fileadmin/media/Dokumente/R%C3%BCstung ___Gesellschaft/R%C3%BCstungsexporteure_R%C3%BCstungsindustrie/R% C3%BCstungsatlas/Aken-Ruestung_Hamburg-Dezember2011.pdf

[72] https://www.bundeswehr-journal.de/2019/drohnenabwehr-mit-protector-rws-von-kongsberg/

[73] https://de.wikipedia.org/wiki/Kongsberggrupe

[74] https://www.dmkn.de/remontowa-shipbuilding-hat-ein-kongsberg-hugin-auv-zum-einsatz-der-minensuche-der-polnischen-marine-beauftragt/

Bundeswehr. Nach einer mehrjährigen gemeinsamen Entwicklung hatte das Bundesamt für Ausrüstung, Informationstechnik und Nutzung der Bundeswehr (BAAINBw) mit Rohde & Schwarz 2017 einen Vertrag über die Beschaffung der SVFuA geschlossen. SVFuA arbeitet nach dem Prinzip des Software Defined Radio (SDR) und bietet sichere, vertrauenswürdige Kommunikation bis zur Geheimhaltungsstufe GEHEIM. Dabei greift das Unternehmen auf die konzerneigene Entwicklung von Kryptologie als nationale Schlüsseltechnologie zurück. Ausgerüstet wurden bis 2020 zunächst 50 Führungsfahrzeuge der Typen Schützenpanzer PUMA und des gepanzerten Transportkraftfahrzeug BOXER.[75]

Die hier beschriebenen Betriebe bilden relativ gut, dass in Hamburg produzierte Segment an Rüstungsgütern ab. Weitere Unternehmen sind in der Broschüre „Made in Hamburg – tödlich weltweit" zu finden. Grundinformationen bis zum Jahr 2011 über die o.g. Betriebe sind zum Teil dieser Broschüre entnommen.[76]

---

[75] https://www.rohde-schwarz.com/de/unternehmen/news-und-presse/all-news/taktische-kommunikation-mit-svfua-rohde-schwarz-stattet-bundeswehr-mit-modernen-softwarebasierten-funksystemen-aus-pressemitteilungen-detailseite_229356-452548.html

[76] http://ruestungsexport-info.de/fileadmin/media/Dokumente/R%C3%BCstung___Gesellschaft/R%C3%BCstungsexporteure_R%C3%BCstungsindustrie/R%C3%BCstungsatlas/Aken-Ruestung_Hamburg-Dezember2011.pdf

Erkämpfte und fehlende Transparenz

Das Bewusstsein, dass die Mehrheit der Menschen in Deutschland weiterhin Auslandseinsätze und Kriege ablehnt (in Umfragen regelmäßig zwischen 70 und 90 Prozent) beschäftigt den militärisch-industriellen Komplex und die im zugeneigten Politiker:innen sehr und bewirkt, dass vieles im Bereich Militarisierung, Rüstungsproduktion und Rüstungstransport möglichst fern der Öffentlichkeit und jenseits von Transparenz „umgesetzt" wird.

Parlamentarische Anfragen der Linksfraktion in der Hamburgischen Bürgerschaft, über mehrere Legislaturperioden hinweg, hatten bereits zur Folge, dass die Munitionstransporte durch den Hamburger mittlerweile quartalsweise im Transparenzportal der Hansestadt veröffentlicht werden.[77]

Zusätzlich zur Angabe der Menge, wurde auf diesem Wege auch erkämpft, dass die Lade- und Löschhäfen angegeben werden. Flankiert werden die Anfragen auch durch Abgeordnete der Linksfraktion im Bundestag, bei denen in den Antworten auch grobe Angaben („Positionen") an Panzerwagen, Schiffen oder Raketenwerfern angegeben werden. Das genaue Ausmaß lässt sich jedoch nicht ablesen. Hier ist noch viel gesellschaftlicher Druck notwendig, um auch in diesem Bereich Transparenz über genaue Mengen und Zielhäfen herzustellen, denn es wird viel dafür getan, die genauen Daten zu verschleiern. Der Zielhafen bedeutet in diesem Zusammenhang nicht immer auch das Ziel. Unsere Forderung ist daher Transparenz auch in Bezug auf den eigentlichen Zielort. Geht zum Beispiel ein Transport in die Vereinigten Arabischen Emirate, kann das eigentliche Ziel auch die Bewaffnung eines Akteurs im Jemenkrieg sein. Geht ein Transport nach Kolumbien, wissen wir nicht genau, ob die Munition oder die Waffe beim Militär, bei der Polizei oder aber bei Paramilitärs landet, die trotz eines Waffenstillstandes mit der ehemaligen Guerilla FARC im vergangenen Jahr mehrere Hundert ehemalige Guerillakämpfer:innen und Oppositionelle ermordeten.

---

[77] https://suche.transparenz.hamburg.de/?q=Munitionsexporte&sort=score+desc%2Ctitle_string+asc&esq_not_all_versions=true&page=2&esq_not_all_versions=true

Die Führungsakademie der Bundeswehr

Die Führungsakademie (FüAk) der Bundeswehr beschreibt sich selbst so: „Seit 1957 werden militärische Spitzenkräfte an der Führungsakademie der Bundeswehr auf ihre anspruchsvollen Aufgaben in den Streitkräften, der NATO, der Europäischen Union und den Vereinten Nationen vorbereitet." Als ihre Kernaufgabe bezeichnet sie „die Aus-, Fort- und Weiterbildung bereits berufserfahrener Offiziere aus dem In- und Ausland."

An der Führungsakademie befinden sich ständig mehr als 600 Lehrgangsteilnehmer, davon etwa 100 ausländische Offizier:innen aus 50 Nationen. Pro Jahr bildet die Führungsakademie über 3.000 Lehrgangsteilnehmende in den verschiedenen Lehrgängen und Seminaren aus.

Insgesamt haben bisher rund 3.000 ausländische Offizier:innen aus mehr als 100 Nationen und über 5.000 deutsche Offizier:innen an der Generalstabs-/Admiralstabsdienstausbildung teilgenommen.[78]

Der „Internationale Lehrgang Generalstabs-/Admiralstabsdienst" an der Akademie in Hamburg-Blankenese ist Teil der sogenannten „Militärischen Ausbildungshilfe" (MAH) der Bundesrepublik. Diese Ausbildung beinhaltet unter anderem die Aus-, Fort- und Weiterbildung von Angehörigen ausländischer Streitkräfte aus Nicht-NATO-Staaten. Sie untersteht dem Bundesministerium für Verteidigung. Bis zu 67 Stabsoffiziere anderer Nationen und zusätzlich 17 Angehörige der Bundeswehr werden jährlich in einem zehnmonatigen Programm ausgebildet, in dem sie befähigt werden sollen „deutsche Führungs- und Einsatzgrundsätze" in „Frieden, Krise und Krieg" anzuwenden. Dazu bietet die FüAK ein vielschichtiges Programm, das mit Hilfe zahlreicher Kooperationspartner auch auf Einblicken in zivilgesellschaftliche Abläufe in der Bundesrepublik baut.

---

[78] https://www.bundeswehr.de/de/organisation/weitere-bmvg-dienststellen/fuehrungsakademie-der-bundeswehr

1957 wurde der Generalstabslehrgang Heer in Bad Ems gegründet. Nach Interventionen einiger Politiker:innen und des damaligen Generalinspekteurs der Bundeswehr, General Adolf Heusinger, wurde dieser Lehrgang als neu gegründete Führungsakademie der Bundeswehr (FüAk) nach Hamburg verlegt.

General Heusinger war als Nazigeneral einer der Verantwortlichen für den Überfall auf die Sowjetunion. Er war zu dieser Zeit Chef der Operationsabteilung des Generalstabes im Oberkommando des Heeres und maßgeblich beteiligt an der Operation „Fall Blau", dem ersten Teil der Sommeroffensive gegen die UdSSR. Heusinger koordinierte die sogenannte Partisanenbekämpfung in den besetzten Gebieten und arbeitete die „Richtlinien für die Bandenbekämpfung" aus. Im Nürnberger Prozess wurde der deutsche Generalstab als verbrecherische Organisation deklariert. Aus formalen und politischen Gründen fand jedoch keine Verurteilung Heusingers und weiterer Angeklagter statt. Heusinger stiftete der FüAk den „General Heusinger-Preis", um die besten Lehrgangsteilnehmer des zweijährigen Lehrgangs zum Abschluss der General und Admiralstabsdienstausbildung (LGAN) auszuzeichnen.

Die Ausbildungsmodule der FüAk basieren auf Ideen und Strategien aus den Weißbüchern sowie Vorgaben des Bundesministeriums für Verteidigung. Die in den Weißbüchern und seitens des BMV formulierten Ansprüche haben bei der Bundeswehr schrittweise zu einer Änderung der Bewaffnung, der Struktur, der Ausbildung und des Auftrages geführt. Sie wurde so von einer Verteidigungs- zu einer Interventionsarmee, die in der Lage ist, Kriege offensiv zu führen bzw. sich an solchen zu beteiligen.

Ausländische Armeeangehörige (Offizier:innen) werden an der FüAK mit militärischem und strategischem Knowhow versehen und wenden es in ihren Staaten an. Die Auswahl der Partner erfolgt dabei nicht nach humanistischen, völkerrechtlichen und menschenrechtlichen Kriterien, sondern auf Grundlage geostrategischer und instrumenteller Aspekte. Es gab in der bisherigen Geschichte der FüAk unzählige von einer Demokratie weit entfernte autoritäre, diktatorische oder faschistische Staaten, deren Offiziere an der FüAk ausgebildet wurden.

Oberstleutnant Jürgen Engelhardt, im Jahr 2011 Pressesprecher der Führungsakademie, erklärte, dass die Militärische Ausbildungshilfe in der Regel langfristig wirke: So solle die „Entwicklung demokratisch orientierter Streitkräfte in Staaten und Regionen, deren Stabilität im deutschen Interesse liegt", unterstützt werden. Die entsprechenden Lehrgänge dienten zudem „der Festigung vertrauensvoller Beziehungen zu Kooperationspartnern".

Immer wieder gibt es jedoch Presseberichte und Recherchen, die belegen, dass regelmäßige Ausbildung von Folterern, Massen- und sogar Völkermördern an verschiedenen Bundeswehr-Standorten, darunter der Führungsakademie, stattfindet. Die Vorwürfe wiegen schwer: Die Bundeswehr bildet in Deutschland seit Jahrzehnten nicht nur Militärs befreundeter Nationen, sondern auch Angehörige von Diktaturen aus – liefert ihnen dabei regelmäßig die nötige Ausbildung und das nötige Wissen zur Machtergreifung und zum Machterhalt.[79]

So wurden Offizier:innen aus den folgenden Diktaturen und Unrechtsregimen an der FüAk ausgebildet:

Türkei: Von 1957 bis 2013 wurden fast jedes Jahr türkische Offiziere an der FüAk ausgebildet – auch während des Militärputsches 1980 und in den Folgejahren. Damals wurden mehrere zehntausend Oppositionelle verhaftet und unzählige Menschen verfolgt, gefoltert und ermordet. Zwischen 1980 und 2000 verschwanden zudem mehr als 10.000 meist kurdische Oppositionelle. Sie wurden von Militär und Polizei ermordet. Die Ausbildung türkischer Offizier:innen an der FüAK lief auch weiter während der Dorfzerstörungen in den kurdischen Provinzen des Landes Anfang der 1990er Jahre, während regelmäßigen Verstößen gegen das Völkerrecht und die Menschenrechte und einem Krieg gegen die kurdische Zivilbevölkerung und die PKK durch die türkische Armee ab 1993 bis 2016. Auch während der völkerrechtswidrigen Kriegsführung in Rojava und dem Nordirak bildete die FüAK Offizier:innen aus. Auch der ehemalige Generalstabschef der Türkei (von 1998 bis 2002) Hüseyin Kıvrıkoğlu, erhielt an der Führungsakademie der Bundeswehr eine Ausbildung und wurde 2011 von Bundestagsabgeordneten, Men-

---

[79] https://www.freitag.de/autoren/joachim-petrick/leichen-im-keller-der-fuhrungsakademie-201ehelmut-schmidt201c

schenrechtler:innen und Künstler:innen gemeinsam mit dem damaligen Premierminister Erdogan und weiteren hohen Militärs wegen seiner Mitverantwortung für „Kriegsverbrechen gegen kurdische Oppositionelle nach deutschem Völkerstrafgesetzbuch" angezeigt.[80]

Argentinien: Auch zu Zeiten der Militärjunta von 1976 bis 1983 wurden 1976 und 1977 argentinische Offiziere an der FüAk ausgebildet. Anders als in der Türkei wurden in Argentinien einige der damaligen Machthaber in jüngster Zeit zu lebenslangen Freiheitsstrafen verurteilt, so zum Beispiel der erste Juntachef Videla im Juli 2012. Auch viele ehemalige Offiziere verbüßen mittlerweile lebenslange Haftstrafen wegen der Verbrechen während des selbsterklärten schmutzigen Krieges der Diktatur gegen alle Menschen, die als politische Gegner angesehen wurden. In den etwa 340 Geheimgefängnissen wurden zehntausende „Verdächtige" ohne Prozess monate- oder jahrelang festgehalten. Fast alle Festgehaltenen wurden systematisch gefoltert und später umgebracht, nur ein Bruchteil wieder freigelassen. Schwangere Frauen wurden zum Teil getötet, nachdem sie ihr Kind geboren hatten. Diese Kinder gab man zur Adoption an Offiziersfamilien, teilweise gegen Bezahlung. Das größte der Geheimgefängnisse war die Technikschule der Marine (ESMA) in Buenos Aires, wo während der Diktatur etwa 5000 Menschen gefoltert und ermordet wurden. Die Regierung kooperierte gleichzeitig mit zahlreichen kriminellen Todesschwadronen, wie der Alianza Anticomunista Argentina. Diese terrorisierten insbesondere Einwanderer aus den Nachbarländern, Juden, Muslime und Student:innen.[81]

Brasilien: Während der Militärdiktatur in Brasilien von 1964 bis 1985 bildete die FüAk jedes Jahr brasilianische Militärs aus. Mit Hilfe der CIA hatte sich das Militär an die Macht geputscht. Das neue Regime unter General Humberto Castelo Branco unterdrückte die linke Opposition und entzog etwa 300 Personen die politischen Rechte. Während der Zeit der Militärdiktatur waren Menschenrechtsgruppen zufolge staatlicher Mord, staatliche Todesschwadronen, Folter und Verschwindenlassen von Oppositionellen an der

---

[80] https://ernster.com/annot/564C42696D677C7C39373833383931343435303 031337C7C504446.pdf?sq=1

[81] Steffen Leidel: Berüchtigtes Ex-Folterzentrum wird der Öffentlichkeit zugänglich. In: Deutsche Welle. 14. März 2005, abgerufen am 13. Dezember 2008.

Tagesordnung.[82] Brasilien war zudem beteiligt an der Operation Condor, einem Komplott mehrerer lateinamerikanischer Diktaturen (Argentinien, Chile, Brasilien, Paraguay, Uruguay und Bolivien), deren Ziel es war, sich bei der Ermordung missliebiger Staatsbürger gegenseitig zu helfen.[83]

Chile: Während der Diktatur Pinochets von 1973 bis 1990 bildete die FüAk in den Jahre 1973 und 1975 chilenische Offiziere aus – also gerade in den Jahren, in denen die Repression in Chile am stärksten war. Pinochet hatte sich mithilfe der USA gegen den sozialistischen Präsidenten Allende 1973 an die Macht geputscht. Unmittelbar nach dem Putsch gab es die meisten Opfer, sowohl durch Folterungen als auch durch politische Morde. Allein am 11. September wurden 2.131 Menschen aus politischen Gründen verhaftet, bis Ende des Jahres waren es 13.364. 43 Prozent der Opfer wurden von Carabineros (Polizisten) verhaftet und weitere 57 Prozent von Soldaten oder Geheimdiensten. Opfer waren vor allem Mitglieder und Sympathisant:innen der gestürzten Regierung, von sozialistischen und marxistisch-leninistischen Parteien und Gewerkschaften. Öffentliche Gebäude wie Stadien, Konferenzhallen und Schulen wurden zu Lagern umgerüstet. Der berühmteste Fall ist das Estadio Nacional de Chile, in dem alleine mehr als 40.000 Gefangene zusammengetrieben wurden. Darüber hinaus gab es die berüchtigte deutsche Sektensiedlung Colonia Dignidad, die ebenfalls zu Folterungen benutzt wurde.[84]

Amnesty International schätzte die Zahl der Opfer auf bis zu 30.000 Tote, die US-Botschaft ging von 5.000 Ermordeten aus.[85]

Indonesien: Während der Diktatur in Indonesien bildete die FüAk jedes Jahr, außer 1985, 1995 und 1996, Offiziere aus. Um den 1.

---

[82] Klaus Hart: *Brasilien und Argentinien – Vom Umgang mit der Diktaturvergangenheit.* In: *Aus Politik und Zeitgeschichte.* Nr. 12, 22. März 2010 (archive.org [abgerufen am 30. März 2018]).

[83] Greg Grandin: Kissinger's Shadow. The Long Reach of America's Most Controversial Statesman. Metropolitan Books, New York 2015, ISBN 978-1-62779-449-7, S. 151.

[84] Abschlussbericht der Valech-Kommission zur Folter in Chile (spanisch), besonders S. 351 (comisiontortura.cl (Memento vom 24. August 2009 im Internet Archive) PDF; 1.2 MB).

[85] Detlef Nolte: Staatsterrorismus in Chile.

Oktober 1965 kam es in Indonesien zu einem Putschversuch von Teilen des Militärs. Der rechtsgerichtete General Suharto ergriff die Macht und erklärte daraufhin die am Putschversuch unbeteiligte kommunistische Partei PKI als verantwortlich für den Putsch. Er verbot sie und veranlasste in der Folge ein Massaker des Militärs unter tatsächlichen und angeblichen Kommunist:innen sowie Student:innen und Oppositionellen, bei dem nach Schätzungen von Amnesty International in den folgenden Monaten fast eine Million Menschen getötet wurden. Zu den Opfern gehörten auch Teile der chinesischen Bevölkerungsminderheit.[86] Die danach errichteten Internierungslager kommentierte Suharto so: „Überall im Land finden Prozesse statt, aber bei einer so großen Zahl braucht man eben Zeit, bis alle an die Reihe kommen."[87]

Suhartos ließ 1975 völkerrechtswidrig Osttimor besetzen und anschließend mehr als ein Drittel der dortigen Einwohner:innen massakrieren. Auch in Westneuguinea kam es unter Suharto zu schweren Menschenrechtsverletzungen, als einheimische Papua ermordet und vertrieben wurden. Gleichzeitig betrieb die Regierung die Ansiedlung muslimischer Indonesier:innen in der Provinz und die rücksichtslose wirtschaftliche Ausbeutung der reichen natürlichen Ressourcen.[88] Erst 1998 wurde Suharto zum Rücktritt gezwungen.

Paraguay: 1972 bildete die FüAk Offiziere aus Paraguay aus. 1954 kam Alfredo Stroessner durch einen Putsch an die Macht. Er war bis 1989 Präsident des Landes. Offiziellen Angaben zufolge verschwanden unter Stroessners Herrschaft etwa 400 Menschen, während unabhängige Schätzungen von über 3000 Todesopfern ausgehen. Unzählige Oppositionelle wurden gefoltert oder inhaftiert, etwa zwei Millionen gingen ins Exil. Zudem unterhielt Stroessner gute Kontakte zu anderen südamerikanischen Diktaturen. 1972 wurde Stroessner seitens des deutschen Ethnologen Mark Münzel vorgeworfen, für den Genozid an der Bevölkerungsgruppe der Aché

---

[86] Vgl. Jochen Hippler, Nasr Hamid Abu Zaid, Amr Hamzawy: Krieg, Repression, Terrorismus. (Memento vom 26. März 2010 im Internet Archive) (PDF; 697 kB) Politische Gewalt und Zivilisation in westlichen und muslimischen Gesellschaften. ifa, Stuttgart 2006, S. 55 ff.

[87] *Wir haben 58 000 politische Gefangene.* In: Der Spiegel. Nr. 27, 1970 (online).

[88] Vgl. Peter L. Münch-Heubner: Osttimor und die Krise des indonesischen Vielvölkerstaates in der Weltpolitik. München 2000, S. 134–135.

verantwortlich zu sein.[89] Die Aché wurden gewaltsam in die Mbaracayú-Region vertrieben und dort systematisch verfolgt und ermordet. Ihre Kinder wurden verkauft und an paraguayische Familien übergeben. Aufgrund mangelnder medizinischer Versorgung sollen bei der Vertreibung und Umsiedlung ca. 38 % der Aché an Krankheiten gestorben sein.[90]

Togo: Die FüAk bildete in den Jahren zwischen 2012 und 2015 Offiziere aus Togo aus. Seit 1990 flohen mehrere hunderttausend Menschen aus politischen Gründen aus Togo. Der jetzige Präsident Togos, Faure Gnassingbé, ist seit 2005 an der Macht. Er übernahm das Amt mit Hilfe des Militärs von seinem Vater, der zuvor 40 Jahre regiert hatte. Faure Gnassingbé ließ sich nach dessen Tod durch Wahlen bestätigen, die von der EU wegen offensichtlichem Wahlbetrug kritisiert wurden. Die Afrikanische Union sprach von einem Wahlputsch.

Immer wieder kommt es zu Aufständen gegen die Diktatur, die gewaltsam unterdrückt werden – zuletzt 2019/2020. Regelmäßig werden dabei von Soldaten Menschen erschossen und Häuser zerstört. Zudem kommt es zu Folter und Fällen von Verschwindenlassen. Oppositionelle Politiker:innen können sich oftmals lediglich zwischen Verfolgung, langjähriger Haft oder gar dem Tod und als Alternative zum Weg ins Exil entscheiden.

Die meisten der knapp acht Millionen Einwohner Togos leben weit unter dem Existenzminimum. Gewinnbringende Unternehmen sind bis auf wenige Ausnahmen in Händen der früheren Kolonialmacht Frankreich oder gehören der Familie Gnassingbé und den politischen Eliten. 1990 hatte die Bevölkerung durch Proteste eine Verfassung erkämpft, die regelte, dass ein Präsident lediglich einmal wiedergewählt werden kann. Seitdem wurde die Verfassung mehrfach zugunsten der Familie Gnassingbé geändert, die mittlerweile das Land seit 60 Jahren in Form einer Diktatur beherrscht.

---

[89] http://www.deutschlandfunk.de/die-angebliche-indianerverfolgung-in-paraguay-aus-dem.media.b822f1d5820dde11dab237c46a429cd1.pdf

[90] [Melia, B a, L. Miraglia, M. Münzel, and C. Münzel. (1973) La Agonia de 10s Aché Guayaki: Hisoria y Cantos. Centro de Estudios Antropológicos, Universidad Catolica: Asunción. Wissenschaftliche Abhandlung über die Aché (spanisch)]

Philippe Kpodzro, früherer Erzbischof von Lomé, bezeichnete die Wahl 2020 als eine einzige Manipulation. Er wurde daraufhin verhaftet und stundenlangen Verhören ausgesetzt. „Solange das gesellschaftspolitische Leben von der Armee dominiert wird, solange die Legislative und die Judikative nicht wirklich unabhängig sind, solange Korruption und Straflosigkeit weiter gedeihen, werden die Spannungen nicht wirklich aufhören", hieß es in einer Stellungnahme mehrerer Bischöfe vom Juli 2020.[91]

Ob auch nach 2016 Offiziere aus Diktaturen und Unrechtsregimen ausgebildet wurden, können wir nicht genau sagen. Genaue Daten über die Herkunft der ausgebildeten Offiziere konnten wir lediglich für den Zeitraum von 1957 bis 2016 einsehen.

Interessant ist, dass die Ausbildung von Offizier:innen aus Argentinien und Chile während den Militärdiktaturen dort jeweils nach intensiver öffentlicher Kritik beendet wurde, während die Ausbildung von Offizieren aus der Türkei trotz ebenso intensiver öffentlicher Kritik fortgesetzt wurde. In Bezug auf Brasilien, Indonesien, Paraguay und Togo war die Kritik offenbar ebenfalls nicht wirksam.

Der Investigativjournalist Markus Frenzel übt in seinem Buch „Leichen im Keller – Wie Deutschland internationale Kriegsverbrecher unterstützt" ebenfalls Kritik an der Arbeit der FüAK. Zudem veröffentlichte er Recherchen unter anderem im Fernsehmagazin „Fakt". Frenzel stützt sich auf akribische Recherchen und die Aussagen namhafter deutscher Militärs, die das Vorgehen von Bundeswehr, Außen- und Verteidigungsministerium ebenfalls kritisieren. So interviewte er Heinz-Dieter Jopp, der ab 2003 den Fachbereich Sicherheitspolitik und Strategie an der Führungsakademie leitete. Jopp beschreibt, dass die FüAk die Lehrgangsteilnehmer:innen nicht wissen will, wen sie trainiert. „Wir überprüfen diese Leute nicht. Die werden von ihren jeweiligen Präsidenten ausgesucht" – und dann würde nicht mehr nachgefragt.

Ein weiteres Beispiel: **Guinea**: Seit 1965 wurden fast 150 Offiziere aus dem westafrikanischen Land ausgebildet, obwohl es bis 2010

---

[91] https://www.jungewelt.de/artikel/385925.togo-das-t%C3%B6ten-geht-weiter.html?sstr=gnassingbe

fast durchgängig als Militärdiktatur eingeordnet wurde. Unter den ausgebildeten Militärs befand sich auch Mamadouba Toto Camara, der später Innenminister des Landes wurde. Als sich am 23. Dezember 2008 eine kleine Gruppe von Offizieren um Moussa Dadis Camara an die Macht putschte, war auch Mamadouba Toto Camara dabei, der bereits in den 90er Jahren den Lehrgang an der Führungsakademie absolviert hatte. Die Putschisten sprachen während der Vorbereitung der Machtübernahme deutsch – neben den beiden Camaras hatten viele Weitere in der Bundesrepublik die Kriegsführung erlernt. Als das Regime am 28. September 2009 ein Massaker an oppositionellen Zivilist:nnen anrichtete, waren drei der Hauptverantwortlichen Schüler der Bundeswehr. Mamadouba Toto Camara war als Chef der nationalen Polizei für ein Massaker verantwortlich, bei dem mindestens 157 Menschen in der Hauptstadt Guineas Conakry ermordet und zuvor oft furchtbar misshandelt wurden. Vor den Augen Tausender Demonstrant:nnen wurden mehr als 100 Frauen vergewaltigt – unter anderem mit Gewehrläufen oder von mehreren Soldaten gleichzeitig. Interessant ist, dass der Präsident des Freundeskreises der Ausländischen Offiziere, Lothar Golgert, mehr als 20 Jahre auch 2009 Honorarkonsul von Guinea war. Auch die UN hat das Massaker untersucht und kam zu dem Schluss, dass drei der Hauptverantwortlichen von der Bundeswehr ausgebildet wurden. Zu der Zeit waren acht Offiziere aus Guinea in Deutschland bei der Bundeswehr, die dieser blutrünstige Diktator geschickt hat. Golgert posierte noch ein halbes Jahr später lächelnd für ein Foto mit zweien dieser Offiziere.[92]

Ein weiteres Beispiel ist Tharcisse Renzaho aus **Ruanda,** der den LGAI-Lehrgang an der FüAk im Jahr 1986 besuchte. Renzaho hatte zuvor bereits einige Jahre für den ruandischen Geheimdienst gearbeitet und ließ immer wieder rassistische Bemerkungen gegen die später zu Hunderttausenden massakrierten Tutsi fallen. 1990 wurde er Präfekt der Hauptstadt Ruandas Kigali und in dieser Position zu einem der Hauptverantwortlichen des Genozids von 1994. 2009 wurde Renzaho vom Internationalen Strafgerichtshof in Den Haag wegen Völkermords, Verbrechen gegen die Menschlichkeit und Verstößen gegen die Genfer Konventionen zu lebenslanger Haft verurteilt. Die Richter:innen sahen unter anderem seine direkte Be-

---

[92] https://www.freitag.de/autoren/joachim-petrick/leichen-im-keller-der-fuhrungsakademie-201ehelmut-schmidt201c

teiligung an einem Massaker in der Kirche Sainte Famille als bewiesen an, in dessen Verlauf mindestens 100 Tutsi ermordet wurden. Laut Markus Frenzel ist in der „Ehrengalerie" der Hamburger Führungsakademie noch immer ein vergilbtes Foto von Renzaho zu finden.[93]

Weitere Lehrgangsteilnehmer:innen kamen aus Usbekistan und Äthiopien, allesamt hohe Militärs.

Usbekistan: In Bezug auf Usbekistan wird die geostrategische Motivation ebenfalls deutlich. Der Transportweg des deutschen ISAF-Kontingents in Afghanistan (Kabul und Kunduz) läuft über den Flugplatz der 114.000-Einwohner-Stadt Termez in Usbekistan. In Usbekistan herrscht eine Diktatur unter Präsident Islam Karimow. Am 13.5.05 metzelten „Sicherheitskräfte" beim Massaker von Andischan mindestens 500 Menschen nieder. Die Regierungen der USA und der EU forderten eine von Usbekistan abgelehnte, unabhängige internationale Untersuchungskommission. Die USA mussten daraufhin ihre Militärbasis Chanabad in Usbekistan schließen. Trotz Widerstands der deutschen Regierung wurden am 14.12.05 vom Rat der Europäischen Union Sanktionen gegen Usbekistan beschlossen, die technische und finanzielle Hilfen im Zusammenhang mit militärischen Aktivitäten untersagen. Der Verteidigungsstaatssekretär Friedbert Pflüger (CDU) machte mit der Regierung Karimow dennoch einen für die NATO und die Bundeswehr zentralen Deal. Trotz der EU-Sanktionen darf die Bundeswehr den Stützpunkt Termez weiter nutzen, und dadurch auch alle anderen NATO-Staaten. Deutschland vergibt an Usbekistan umfangreiche Militärhilfe, darunter das Geschenk von Sanitätsmaterial aus Beständen der Bundeswehr im Wert von 280.000 Euro.

Auf der Homepage der Bundeswehr wird deutlich: „Gäbe es die Nachschub-Basis der Bundeswehr im usbekischen Termez nicht, dann könnten die deutschen Soldaten in Afghanistan in kürzester Zeit einpacken."[94]

---

[93] https://infoarchiv-norderstedt.org/artikel/preisschiessen-massenmordern/index.html

[94] https://de.connection-ev.org/article-135

Interessant ist der Umgang mit dem Thema Menschenrechtsverletzungen in „Partnerstaaten" seitens Monsignore Bernward Wagner, Militärdekan, seit 2011 in der Militärseelsorge; Katholisches Militärpfarramt Hamburg II, Führungsakademie der Bundeswehr, der unter dem Titel „Das wichtigste Medium des Lebenskundlichen Unterrichts ist der Dozent" im E-Journal „Ethik und Militär" Folgendes schreibt: „Kluge Themenwahl, zielgruppensensible Methodik und glaubwürdiges Auftreten führen im besten Fall zu einer Gesprächskultur, die es ermöglicht, dass Soldaten auch persönliche Erfahrungen zur Sprache bringen. Das geht dann häufig allen unter die Haut, wenn belastende Einsatzerfahrungen wie das Erleben von Folter als Disziplinarmaßnahme in einer Ausbildungsmission oder Kindesmissbrauch durch höhere Offiziere einer Partnernation (wobei regelmäßig ‚Nichteinmischung, da ortsübliches Handeln' befohlen ist) zur Sprache kommen und dabei schwerste Gewissensnot in ihrer Langzeitwirkung spürbar wird. Bewegend sind auch Berichte über mutige und kluge Lösungen in Pflichtenkollisionen, die staunen machen, wozu ethische Bildung unter Umständen befähigt. (…) Zu wünschen wäre der Bundeswehr mehr Zeit für solche Gespräche. Die Soldatenarbeitszeitverordnung und das enge Pflichtenkorsett setzen dem Grenzen; der Nutzen bestünde vermutlich in höherer Motivation und vor allem noch besserer Entscheidungsprozess-Qualität."[95]

Diese Herangehensweise ist bemerkenswert und besorgniserregend. Anstatt die Ausbildung und Partnerschaft auf Grundlage der Einhaltung von Menschenrechten und Völkerrecht zu fordern, solle es mehr Zeit geben, mit den durch Kriegsverbrechen und Menschenrechtsverletzungen ausgelösten Gewissensqualen umgehen zu lernen oder individuelle Lösungen aus einem Dilemma zu finden – obwohl es keine guten Lösungen geben kann, wenn die Akzeptanz von schweren Menschenrechtsverletzungen gefordert wird.

Auch auf einem weiteren Gebiet ist die Praxis der Führungsakademie sehr fragwürdig.

---

[95] http://www.ethikundmilitaer.de/de/themenueberblick/20192-ethik-fuer-soldaten/mezger-der-lebenskundliche-unterricht-in-der-praxis/

Einladung des Neo-Nazis Roeder als Referent an die Führungsakademie

1995 lud die Führungsakademie den vorbestraften Neo-Nazi Manfred Roeder zum Vortrag. Er sprach dort als Referent über das Thema Russlanddeutsche. Das Verteidigungsministerium bestätigte, dass der Stabschef der Akademie den Rechtsextremisten einlud. Roeders Thema: „Übersiedlung von Russlanddeutschen in den Raum Königsberg". Als „Ehrengast" habe er bis tief in den Abend an einem „Festessen" teilgenommen, sagte Roeder der „Berliner Zeitung". Die Bundeswehr habe ihm kostenlos Fahrzeuge und Material für sein „Deutsch-Russisches Gemeinschaftswerk" überlassen. Roeders Auftritt fiel in die Amtszeit des Führungsakademie-Kommandeurs Hartmut Ölboeter.

1982 hatte das Oberlandesgericht Stuttgart den ehemaligen Rechtsanwalt Roeder wegen Sprengstoffanschlägen, versuchter Anstiftung zum Mord und Rädelsführerschaft in der Terroristischen Organisation „Deutsche Aktionsgruppen" zu 13 Jahren Haft verurteilt. Die Neonazis hatten Brandanschläge auf Migrant:innenheime verübt, darunter auch auf ein Heim in Hamburg-Billbrook, bei dem zwei Vietnamesen starben.[96]

1990 wurde Roeder vorzeitig auf Bewährung entlassen. Er wurde dann erneut zu 4500 Mark Geldstrafe verurteilt, weil er im Juni 1996 in Erfurt Tafeln der Ausstellung „Verbrechen der Wehrmacht" mit den Worten „Lüge" und „Hetze" besprüht hatte. Immer wieder bezeichnete Roeder die Schuld Nazi-Deutschlands am Zweiten Weltkrieg als „teuflische Erfindung".

Die Tagesschau berichtete, dass es mehrere Anknüpfungspunkte zwischen Roeder und dem NSU-Netzwerk gibt. Roeder trat im Jahr 1998 in Mecklenburg-Vorpommern als NPD-Kandidat für die Bundestagswahl an. Bei einem Parteitag in dem Bundesland rief er offen zum „Umsturz in Deutschland" auf. Der damalige NPD-Landeschef, Hans-Günther Eisenecker, habe wenig später Kontakt zum NSU-Netzwerk gehabt und wollte die rechtliche Vertretung von Zschäpe übernehmen, als die sich stellen wollte, während

---

[96] https://www.mopo.de/-hardthoehe-bestaetigt--vorbestrafter-rechtsextremist-hielt-vortrag-an-der-blankeneser-fuehrungsakademie---roeder---raedelsfuehrer-der-rechtsextremisten--19001792

Mundlos und Böhnhardt offenbar nach Südafrika flüchten sollten. Als möglicher Helfer dafür wurde der rechtsextreme Publizist Claus Nordbruch genannt.

„In den Ermittlungsakten findet sich zudem ein Hinweis auf eine Verbindung zwischen NSU, Nordbruch und Roeder. So berichtete V-Mann Tino Brandt dem Verfassungsschutz über ein Gespräch mit einem mutmaßlichen NSU-Unterstützer, in dem es um eine mögliche Fluchthilfe durch Roeder ging, da dieser über internationale Kontakte verfügte. Brandt hatte damals nach eigenen Angaben Kontakt zu Roeder, der wiederum im Jahr 2001 einem Bericht des Fachmagazins ‚blick nach rechts‘ zufolge als Referent in Pretoria auftrat."[97]

G20 Auswertung an der FüAk

Im Oktober 2017 trug der leitende Polizeidirektor Hartmut Dudde eine Auswertung der Polizeieinsätze während des OSZE- und des G20-Gipfels im Rahmen des ersten „Trinationalen Workshop Zivil-Militärische Zusammenarbeit" an der Führungsakademie der Bundeswehr vor. Laut Programm legte er dar, dass die Polizei bei beiden Einsätzen „professionell, mit Fingerspitzengefühl, besonnen und mit Augenmaß, aber auch konsequent" vorgegangen sei. In einem weiteren Workshop mit dem Schweizer Divisionär Hans-Peter Kellerhals ging es um die Frage, „wie Streitkräfte zivile Sicherheitskräfte im Schutz kritischer Infrastrukturen unterstützen können und wie dies gemeinsam trainiert werden kann".

Dort wurde ein weiterer Baustein dafür gelegt, den Einsatz der Bundeswehr im Inneren zu sicherheitspolitischen Zwecken und den Ausbau der militärisch-polizeilichen Zusammenarbeit ideologisch zu rechtfertigen und weiter zu entwickeln. Derartige Konferenzen lassen befürchten, dass die Aushebelung des Verbots von Bundeswehreinsätzen im Inneren forciert werden soll.

Beim G20-Gipfel gab es bereits 35 Amtshilfeersuchen an die Bundeswehr, von denen mehr als 20 genehmigt wurden. Es grenzt an Zynismus, die Polizeistrategie beim G20-Gipfel im militärischen Rahmen als großen Erfolg zu feiern. Insgesamt machte der Polizei-

---

[97] https://www.tagesschau.de/inland/einjahrnsu100.html

einsatz beim G20 mit der Amtshilfe durch die Bundeswehr, durch Militär anderer Länder und die österreichische Polizei den Eindruck einer Art Manöver zur Protestbekämpfung in einer Großstadt.[98]

Neuausrichtung der FüAk

Im Jahr 2018 gab das Bundesministerium der Verteidigung der Führungsakademie eine weitere Aufgabe: „Jetzt richtet sich die höchste Bildungseinrichtung der Bundeswehr neu aus: Die Führungsakademie wird zur Denkfabrik. Nicht nur Input, sondern vor allem auch Output – so lautet künftig der Auftrag. Auch in der politischen Beratung in Sicherheitsfragen mit strategischer Ausrichtung wird die Führungsakademie künftig eine stärkere Rolle spielen. Das gesammelte Wissen und die Forschungsexpertisen sollen stärker genutzt und der Öffentlichkeit zugänglich gemacht werden."[99] Die damalige Bundesverteidigungsministerin Ursula von der Leyen gab Ende 2016 den Anstoß für diese Neuausrichtung.

Fraglich ist, ob die FüAk als Denkfabrik einen ähnlich fahrlässigen Umgang in Bezug auf die Einhaltung der Menschenrechte pflegen wird, wie bei der Ausbildung von Offizieren aus Diktaturen – oder ob die bisherigen Think Tanks und die Ausbildung und die Ausrichtung der Forschung bzw. die Legitimierung einer immer aggressiver werdenden Außenpolitik seitens Bundeswehruniversitäten in Hamburg und München nicht offensiv und militärpraxisorientiert genug ist?

Zudem sollen die Alumni der Führungsakademie in Zukunft viel aktiver angesprochen und mit ihren Kontakten und ihrer Fachexpertise stärker einbezogen werden. Heißt das, dass auch diejenigen, die mit Kriegsverbrechern aus Guinea posiert oder unzählige Offiziere ausgebildet haben, die daraufhin für Menschenrechtsverletzungen in Diktaturen verantwortlich waren oder diejenigen die den Neo-Nazi Manfred Roeder zum Vortrag eingeladen haben, zukünftig stärker in den Think Tank einbezogen werden sollen?

---

[98] https://www.linksfraktion-hamburg.de/polizeieinsatz-bei-g20-ein-erfolg-nach-militaerischen-kriterien/

[99] https://www.bmvg.de/de/aktuelles/die-fuehrungsakademie-wird-zur-denkfabrik-23048

Die Dokumentation eines Lehrgangs „Generalstabs- /Admiralstabs-dienst National (LGAN)", „Afrika – ein Kontinent im Aufbruch", die die FüAK 2018 veröffentlichte, zeigt deutlich, dass die Führungsakademie offensiv neo-kolonialistische Ziele und die militärische Abwehr von Geflüchteten lehrt. Die außen- und sicherheitspolitischen Interessen der Bundesrepublik werden in diesem Rahmen aus den Weißbüchern der letzten Jahre abgeleitet.

Es wird zwar relativ sachlich und genau der Zustand der Gesellschaften in den unterschiedlichen Regionen Afrikas analysiert. Dann wird jedoch nicht die wichtigste Ursache benannt – mehr als 600 Jahre Kolonialismus und die wirtschaftliche Abhängigkeit durch den CFA (Afrikanischen Francs), Freihandelsverträge und die Verhinderung von selbstständigen Entwicklungen, hauptsächlich durch die EU. Dementsprechend werden auch keine Konzepte der Ermöglichung des Aufbaus stabiler Volkswirtschaften und selbstbestimmter Gesellschaften angedacht, sondern stattdessen sicherheits- und außenpolitische Interessen der Bundesrepublik und der EU formuliert, die es primär umzusetzen gelte.

Zur Einschätzung von Chinas und Russlands Engagement in Afrika werden Konkurrenzszenarien aufgebaut und konstatiert: „Bei allem Engagement Chinas als wichtiger Wirtschaftspartner für Deutschland, die EU, afrikanische Länder wie auch die USA bleibt evident, dass China ein grundsätzlich anderes Verständnis von Menschenrechten hat als die westliche Gemeinschaft," und „Im Kern muss die euro-atlantische Strategie darauf abzielen, russische Operationen aufzudecken und Russlands Einfluss in Afrika dadurch solange einzudämmen, bis Russland zu einer normativ völkerrechtsfreundlichen Außen- und Sicherheitspolitik zurückkehrt."[100]

Die Linken und die Friedensbewegung fordern die menschenrechts- und völkerrechtswidrige Praxis der FüAk in Bezug auf die Ausbildung von Offizieren aus Diktaturen und Unrechtsregimen zu beenden und die Strategiebildung für die Außenpolitik in zivilen Forschungseinrichtungen und Hochschulen zu betreiben. Unser Vorschlag: Die FüAk sollte geschlossen werden und die daraus freiwerdenden Gelder in einen Fond für Reparationszahlungen an die

---

[100] https://gids-hamburg.de/afrika-ein-kontinent-im-aufbruch-junge-fuehrungskraefte-stellen-empfehlungen-fuer-deutsche-sicherheitspolitik-vor/

Opfer von Menschenrechtsverletzungen oder deren Hinterbliebene in den Ländern der an der FüAk ausgebildeten Offiziere gezahlt werden.

Parallel zur geplanten Neuausrichtung der Bundeswehr wird seit mehreren Jahren versucht mit Kampagnen und der öffentlichen Sichtbarkeit von Soldat:innen zur Normalisierung einer militaristischen Gesellschaftsausrichtung beizutragen.

Heimatschutz oder Militarisierung der Gesellschaft?

An unzähligen U- und S-Bahn-Stationen und an weiteren Orten in Hamburg werden wochenlang Werbeplakate der Bundeswehr mit dem Titel: „Freiwilliger Wehrdienst im Heimatschutz" aufgestellt. Auf den Plakaten zu sehen sind eine Soldatin und zwei Soldaten in Uniform mit Rucksack und einem Sturmgewehr in einem Wald – alle haben die Hand am Abzug. Zur Uniform der Soldat:innen gehört eine Mütze, wie sie sehr ähnlich auch auf Bildern von Wehrmachtssoldaten zu Zeiten des Faschismus zu sehen ist. Am Rand sind der Verweis auf die Regionale Sicherungs- und Unterstützungskompanie Hamburg und der Schriftzug „Dein Jahr für Deutschland" zu finden.

Das Bild suggeriert eindeutig den bewaffneten Einsatz oder zumindest ein Manöver dafür. Die Ausbildung an Handwaffen ist nach Auskunft der Bundeswehr zwar Teil der Ausbildung zum/zur Heimatschützer/-in, eigentliches Ziel soll aber eine Spezialisierung sein, in deren Rahmen die Betroffenen für Aufgaben ausgebildet werden, „die der Bundeswehr in Deutschland übertragen werden. Dazu gehört u.a. bei Naturkatastrophen und Großschadenslagen, Pandemien und anderen Ereignissen, die der Anstrengung unseres gesamten Landes mit allen Behörden, staatlichen Institutionen und der Bevölkerung bedürfen, mitzuwirken. (…) Für die freiwillig Wehrdienst Leistenden im Heimatschutz ist eine Teilnahme an den Auslandseinsätzen der Bundeswehr der Bundeswehr nicht vorgesehen."[101]

Damit ist die Aufgabe der Heimatschützer:innen klar definiert der Einsatz im Inneren. Doch für den Einsatz der Bundeswehr im Inneren gibt das Grundgesetz (GG) einen Rechtsrahmen vor. Die Bundeswehr darf dementsprechend lediglich zur Katastrophenhilfe oder zur Amtshilfe eingesetzt werden (Artikel 35 GG). Der Grund dafür liegt in der deutschen Geschichte. In Preußen und im Deutschen Kaiserreich wurde das Militär immer wieder dazu genutzt, im Inland staatliche Gewalt durchzusetzen – auch und gerade gegen politische Demonstrationen. „Gegen Demokraten helfen nur Soldaten", schrieb der preußische König Friedrich Wilhelm IV 1849. In der Weimarer Republik ließ der SPD-Politiker Gustav Noske als

---

[101] https://www.bundeswehrkarriere.de/fwdl-heimatschutz/665830

Reichswehrminister den Einsatz der Truppe gegen lokale Aufstände und zur Niederschlagung des Spartakusaufstandes 1919 zu. Die Soldaten ermordeten in diesem Rahmen unzählige Oppositionelle, darunter Rosa Luxemburg und Karl Liebknecht.

Die Werbung spielt jedoch offensichtlich damit, zu suggerieren, dass der Heimatschutz an bewaffneten Einsätzen im Inneren teilnimmt.

In der Antwort auf unsere parlamenmtarische Anfrage (Drs.22/3770) übt sich der Senat in orwellschem Neusprech, anstatt sich ernsthaft mit der verfassungsrechtlich bedenklichen Werbung der Bundeswehr für den Heimatschutz auf landeseigenen Flächen der Hochbahn zu beschäftigen. Der Senat verwies auf eine vermeintliche alleinige Verantwortung der Werbeunternehmen und bezeichnete eine Verantwortungsübernahme für diese Werbung als „staatliche Zensur" – eine dreiste Verkehrung des Begriffes Zensur.[102] Besonders zynisch ist die offensive Werbung für den Heimatschutz vor dem Hintergrund, dass in Zeiten der Corona-Krise immer mehr Jugendliche keine Aussicht mehr auf einen gesicherten Ausbildungs- oder Arbeitsplatz haben oder ihren Arbeitslatz verloren und von Arbeitslosigkeit und Perspektivlosigkeit betroffen sind.

Wir setzen uns dagegen für eine friedliche Gesellschaft ein. Der Heimatschutz an sich muss wieder abgeschafft werden, da er lediglich zu einer gewollten aber völlig unproduktiven unnötigen Militarisierung der Gesellschaft beiträgt.

Auf der Hamburger Ebene muss der Senat sofort seiner Verantwortung nachkommen und die Entfernung einer derartigen Werbung auf Flächen im Eigentum der Hochbahn veranlassen und eine solche zukünftig verhindern. Wer Mittlerin des Friedens sein will, sollte auch seine eigene Verantwortung wahrnehmen, anstatt sich immer wieder hinter vermeintlicher Bundeskompetenz oder in diesem Fall sogar vorgeschobener Unternehmenskompetenz zu verstecken.

Ein wichtiger Aspekt, den der Senat ohnehin steuern kann ist die Ausrichtung der Wissenschaftspolitik.

---

[102] https://www.buergerschaft-hh.de/parldok/dokument/75083/werbung
_freiwilliger_wehrdienst_im_heimatschutz_bewaffneter_einsatz_im_inneren

Wissenschaft für Frieden –
nicht für Krieg

Wissenschaft in Hamburg

Auch in Hamburg wird in großem Umfang rüstungs- und militärrelevante Forschung und Lehre betrieben. Das zeigten die Antworten auf unsere Große Anfrage in der letzten Legislaturperiode „Forschung nur für friedliche Zwecke!? Welche Hamburger Hochschulen und Forschungsinstitute verfügen bereits über eine Zivilklausel?" (Drs. 21/13143)

Dabei spielt in der Debatte um Militärforschung und militärisch relevante Technologien der Begriff „Dual-Use" eine immer größere Rolle. Er soll Technologien beschreiben, die sowohl zivil als auch militärisch genutzt werden können. Da dies bei der überwiegenden Anzahl von Technologien der Fall ist, ist der „Begriff " analytisch kaum tragfähig. Und tatsächlich verfolgt die Bezugnahme auf Dual-Use meist strategische Zwecke, um im konkreten Fall die militärische Nutzbarkeit ziviler Forschung als unbeabsichtigt oder unvermeidlich darzustellen – und um nicht gegen die Meinung der Mehrheit der Bevölkerung offensiv die Militarisierung der Wissenschaft rechtfertigen zu müssen, da bei den Verantwortlichen das Bewusstsein vorhanden ist, dass die Mehrheit der Bevölkerung eine friedliche Ausrichtung der Gesellschaft bevorzugt. Außerdem wird der Begriff Dual-Use eingesetzt, um Versuche, militärische Interessen aus der zivilen Forschung – z.B. durch Zivilklauseln – auszuschließen, als generell nicht realisierbar zurückzuweisen.

Eine Analyse zum Beispiel der Ausrichtung der Fraunhofer Stiftung zeigt, dass Dual-Use Teil einer Strategie des militärisch-industriellen Komplexes und der Bundesregierung ist, um zivile Forschungsförderung militärisch nutzbar zu machen und den Wettbewerbsdruck bei militärisch relevanten Technologien zu erhöhen. Als vor zehn Jahren zum Beispiel die Forschungsgesellschaft für Angewandte Naturwissenschaften e.V. in die Fraunhofer-Gesellschaft eingegliedert wurde, war die treibende Kraft dahinter das Bundesverteidigungsministerium. Das wurde in einer Stellungnahme des Wissenschaftsrates deutlich. Auch das Fraunhofer Institut für Optronik, Systemtechnik und Bildauswertung (Fraunhofer

IOSB) weist eine starke militärische Prägung auf und ist eng mit Rüstungsindustrie, Bundeswehr und NATO verwoben. Im Kuratorium der IOSB sitzen auch Rheinmetall, Airbus und das französische Rüstungsunternehmen MBDA Missile Systems, das Lenkflugkörper herstellt. Das IOSB „partizipiert", wie von der Bundeswehr vorgesehen, umfangreich an der „zivilen" Sicherheitsforschung.

Fraunhofer sichert sich in Forschungsprojekten mit Bundesländern grundsätzlich den Zugriff auf Ergebnisse und Patente – und hat die Möglichkeit, Forschungsergebnisse zwischen einzelnen Instituten und Verbünden der Stiftung beliebig hin und her zu schieben. Sichtbar wird das Prinzip der Auslagerung zum Beispiel bei Projekten zur „maritimen Sicherheit", etwa bei der Grenzüberwachung durch Drohnen, die in Zeiten asymmetrischer Kriegführung auch zu militärischer Aufklärung und zur „netzwerkzentrierten Kriegführung" (Drohnenschwärme) genutzt werden (können).[103]

In Hamburg wird momentan der maritime Bereich der Stiftung durch das Fraunhofer Center for Maritime Logistics und Dienstleistungen (CML) weiter ausgebaut. Dort wurden zuletzt gemeinsam mit dem norwegischen Unternehmen „Norbit Aptomar" Schiffsdrohnen erforscht. Norbit Aptomar ist ein Konzern, der unter anderem militärische U-Boote baut und militärische Überwachungstechnologien im maritimen Bereich entwickelt und produziert.

Aktuell läuft dort das von Rheinmetall beauftragte Projekt „Starterkit Visualisierung für das European Maritime Simulator Network". Das sind beides Themenbereiche, die auch das Fraunhofer IOSB brennend interessieren.

Die TU Hamburg-Harburg erforscht laut dem Hamburger Abendblatt seit 2010 Drohnenschwärme, im Herbst 2018 testete Airbus Drohnenschwärme zur militärischen Nutzung über der Ostsee.

---

[103] https://www.imi-online.de/2017/01/20/fraunhofer-iosb-dual-use-als-strategie/

Militärische Forschungsprojekte

2018 hat das Verteidigungsministerium 187 Forschungsprojekte mit rund 47 Millionen Euro finanziert. 2017 gab das Ministerium knapp 79 Millionen Euro aus, 2016 etwas über 53 Millionen. Das geht aus einer Antwort der Bundesregierung auf eine Kleine Anfrage der Bundestagsfraktion der Linken hervor, (Drucksache 19/3203). Am meisten Geld erhielten in diesen Jahren die Institute der Fraunhofer-Gesellschaft gefolgt vom Deutschen Zentrum für Luft- und Raumfahrt (DLR). 24 öffentliche Hochschulen und Universitäten aus dem gesamten Bundesgebiet wurden ebenfalls bedacht.

Im Fraunhofer-Verbund „Verteidigungs- und Sicherheitsforschung" (VVS) haben sich sieben Institute und zwei Gastinstitute zusammengeschlossen, um ihre Kompetenzen zu bündeln und Forschungsaktivitäten im Bereich „Verteidigung und Sicherheit" zu koordinieren und umzusetzen. Das VVS stellt sich wie folgt selbst dar: „In Zeiten gesellschaftlicher und politischer Turbulenzen ist Sicherheit ein Zukunftsmarkt mit enormem Wachstumspotenzial. Moderne Technologien, Produkte und Dienstleistungen sind gefragt wie nie zuvor. Wohlstand und Wachstum unserer Industriegesellschaften sind abhängig von global vernetzten kritischen Infrastrukturen, deren Störung oder Zerstörung unkalkulierbare ökonomische und gesellschaftliche Folgeschäden haben können." (…) „Schwindende Grenzen zwischen innerer und äußerer, zwischen öffentlicher und privater Sicherheit stellen unsere für die Sicherheit verantwortlichen staatlichen Institutionen vor bisher ungeahnte Herausforderungen – international agierender Terrorismus, transnationale organisierte Kriminalität sowie teils globale Auswirkungen lokaler Naturkatastrophen und Großunfälle sind Beispiele dafür." Der Fraunhofer-Verbund entwickele daher „umfassende technologische Sicherheitslösungen und begleitende methodische, prozessuale und taktische Konzepte". Lösungen und Konzepte bietet der VVS in folgenden Geschäftsfeldern an: Sicherheitsforschung, Schutz und Wirkung, Aufklärung und Überwachung, Explosivstoff- und Sicherheitstechnik, Entscheidungsunterstützung für Staat und Wirtschaft, Lokalisierung und Kommunikation sowie Bildverarbeitung.

Am „Tag der Bundeswehr 2018" in Mannheim präsentierte das Fraunhofer-Institut für Optronik, Systemtechnik und Bildauswertung (IOSB) sein Projekt MODEAS. Dieses am Fraunhofer IOSB entwickelte „Modulare Drohnen Erfassungs- und Assistenz System" dient der Detektion, Klassifikation, Lokalisation und dem Tracking unerwünschter Drohnen.

Die Liste der in der Antwort auf die Anfrage monetär bezifferten Forschungsaufträge mit deren Beschreibungen ist allerdings nicht öffentlich zugänglich. Die Einstufung von großen Teilen der Informationen als „VS – Nur für den Dienstgebrauch" begründet das Verteidigungsministerium damit, dass „die gewünschte Übersicht über alle Forschungsaufträge und Zuwendungen an öffentliche Hochschulen und Forschungseinrichtungen seit dem Jahr 2014 aufgrund der geforderten Detailinformationen eine schutzwürdige Zusammenstellung" darstelle, „da sie detaillierte Rückschlüsse auf vorhandene Fähigkeitslücken in Bezug auf Verfahren und Ausrüstung der Bundeswehr zulasse."[104]

Wissenschaft und „Neue Macht – neue Verantwortung"

Als ein wichtiger Bestandteil der beschriebenen aggressiven außenpolitischen Wende wird seitens der Herrschenden die Einbindung der Wissenschaft und der Hochschulen betrachtet. Sowohl in den Diskussionsprozess des Papiers „Neue Macht – Neue Verantwortung" als auch in den nachfolgenden Prozessen wird versucht, die Wissenschaft in die Militarisierung der Gesellschaft einzubinden. Die o.g. Verschleierung von militärischer Forschung durch Dual Use ist hier nur ein Aspekt. Ein weiterer Aspekt ist, dass Wissenschaft und Forschung immer weitergehend dazu beauftragt und genutzt werden, um die Militarisierung und Weltmachtorientierung mit vermeintlichen wissenschaftlichen Erkenntnissen zu „unterfüttern" und zu legitimieren.

An den von der SWP und dem GMF gesponserten Diskussionen zum oben beschriebenen Papier „Neue Macht – neue Verantwortung" waren zum Beispiel Professor:innen der Freien Universität Berlin, der Friedrich-Schiller-Universität Jena, der Johann Wolfgang Goethe-Universität Frankfurt/Main, der Europa-Universität Viadrina in Frankfurt/Oder und der Humboldt-Universität Berlin beteiligt.

---

[104] https://www.bundeswehr-journal.de/2018/millionen-euro-fuer-die-ruestungsforschung/

Die Einbindung der Universitäten in derartige staatliche Kriegspropaganda verletzt den Grundsatz der Unabhängigkeit von Forschung und Lehre. Professor:innen, die im Dritten Reich die Rassenlehre „wissenschaftlich" begründeten, wie Carl Schmitt das Recht im Sinne der Nazis interpretierten oder wie Martin Heidegger den „Führer" mit philosophischen Weihen versah, liefern in dieser Hinsicht ein abschreckendes Beispiel.

Für die Humboldt-Universität war der Rechtswissenschaftler Georg Nolte an den Diskussionen beteiligt. Er ist der Sohn des Historikers Ernst Nolte, der 1986 mit einer Relativierung des Nationalsozialismus den sogenannten Historikerstreit ausgelöst hatte. Die Wiederbelebung des deutschen Militarismus erfordert, dass die Geschichte des 20. Jahrhunderts umgeschrieben wird und die deutschen Verbrechen in zwei Weltkriegen verharmlost werden. An der Humboldt-Universität arbeiten seit längerem einige Professor:innen systematisch an diesem Ziel. So widmet der Lehrstuhlinhaber für Geschichte Osteuropas, Jörg Baberowski, seine Arbeit der Rehabilitierung Ernst Noltes. Der Spiegel zitierte ihn mit den Worten: „Nolte wurde Unrecht getan. Er hatte historisch recht." Staat und Wirtschaft werden die Kriegsideologen an den Universitäten in Zukunft noch üppiger mit Forschungsgeldern ausstatten, damit sie unter dem Deckmantel der Wissenschaft als ideologische Kaderschmieden des Militarismus dienen.[105]

Im SWP-Dokument heißt es dazu: „In einem komplexeren Umfeld mit stark verkürzten Reaktionszeiten werden auch bessere kognitive Fähigkeiten verlangt. Wissen, Wahrnehmung, Verständnis, Urteilsvermögen und strategische Vorausschau: Das alles kann gelehrt und trainiert werden. Aber es erfordert Investitionen – auf der Seite des Staates, aber auch bei den Universitäten, Forschungseinrichtungen, Stiftungen und außenpolitischen Institutionen. Ziel muss eine ‚Denklandschaft' sein, die nicht nur politische Kreativität ermöglicht und pflegt, sondern auch imstande ist, politische Optionen schnell und in operationalisierbarer Form zu entwickeln."

Das ist der Orwellsche Neusprech des deutschen Militarismus im 21. Jahrhundert. Hinter Begriffen wie „Denklandschaft", „politische Kreativität", „strategische Vorausschau" und „schnell und operationalisierbare politische Optionen" steht der Anspruch, wieder zu

---

[105] https://www.wsws.org/de/articles/2014/05/08/mili-m08.html

„militaristischem Denken" und zu einer „politisch kreativen" Kriegspolitik zurückzukehren. Die herrschende Klasse reagiert damit auf die tiefste Krise des Kapitalismus seit den 1930er Jahren.

Beispiele für rüstungs- und militärrelevante Forschung und Lehre in Hamburg

HAW

Seit Januar 2015 gibt es an der HAW trotz Zivilklausel einen Kooperationsvertrag zur Ausbildung von Offiziersanwärter:innen des „Militärfachlichen Dienstes der Bundeswehr" im Studiengang Rettungsingenieurwesen der Fakultät Life Sciences.

An der HAW wurden seit 2012 folgende Promotionen in Kooperation mit der Helmut Schmidt Universität der Bundeswehr (HSU) bearbeitet:
— Thermische Umwandlung von Triglyceriden in konventionelle Kraftstoffe
— Veredelung von Biorohölen durch katalytische Hydrierung
— Sprühsimulation Faserverstärkter PUR Composites
— Untersuchung des Potentials von HITU zur Stimulation von Nerven
— Signalverarbeitung und Zustandserkennung für ABS-Sensoren
— Profitabilität und Energieeffizienz von elektrischen Nutzfahrzeugen im urbanen Straßengüterverkehr

TUHH

An der TUHH gab es seit 2012 neun Forschungsprojekte mit dem Bundesamt für Ausrüstung, Informationstechnik und Nutzung der Bundeswehr und seinen Dienststellen im Umfang von 689.000 Euro.

Die TUHH kooperiert sowohl in der Forschung als auch in der Lehre mit der Helmut Schmidt Universität.

Im Bereich der Lehre gibt es Vorlesungen und Übungen im Fach „Verbrennungsmotoren".
Beide Universitäten haben in einem Kooperationsvertrag vereinbart, im Bereich der Ingenieurwissenschaften in Forschung und Lehre zusammenzuarbeiten. Studierende der TUHH nehmen regel-

mäßig an der oben genannten Lehrveranstaltung teil, Studierende der HSU können im Rahmen des Masterstudiums Fahrzeugtechnik den Studienschwerpunkt Schiffsmaschinenbau wählen und absolvieren nach Maßgabe der Studien- und Prüfungsordnung der HSU Lehrveranstaltungen bis hin zur abschließenden Masterarbeit an der TUHH. Die TUHH stimmt sich darüber hinaus mit der HSU bezüglich des gegenwärtig an der HSU geplanten Ausbaus des Bauingenieurwesens ab.

An der TUHH gibt es im Bereich der Grundlagenforschung Forschungsprojekte mit den Forschungsfördereinrichtungen wie dem Air Force Office of Scientific Research und dem Office of Naval Research der USA in Höhe von rund 300.000 US-Dollar.

Die TUHH führt Forschungsprojekte durch mit einzelnen Unternehmen zu Forschungsfragestellungen, die grundlagenorientiert sind und daher auch für zivile Zwecke von Bedeutung sind (so genannter Dual Use). Der Umfang der Forschungsvorhaben beträgt 1,57 Millionen Euro.

Auf die Große Anfrage 21/13143 der Linksfraktion antwortet der Senat aber, „Rüstungsforschung" gibt es an der TUHH nicht.

HAW – TUHH – HSU

Es bestehen hochschulübergreifende Studiengänge mit TUHH, HAW und HSU:

Bachelorstudiengang Wirtschaftsingenieurwesen, Fakultät Life Sciences, Department Wirtschaftsingenieurwesen und Fakultät Technik und Informatik, Department Maschinenbau und Produktion, Beginn Wintersemester 2010/2011

Masterstudiengang Wirtschaftsingenieurwesen, Fakultät Life Sciences, Department Wirtschaftsingenieurwesen und Fakultät Technik und Informatik, Department Maschinenbau und Produktion, Beginn Wintersemester 2010/2011

Bundeswehrkrankenhaus – UKE

Das Bundeswehrkrankenhaus Hamburg ist als Akademisches Lehr-krankenhaus der Medizinischen Fakultät ein Kooperationspartner des UKE in der medizinischen Ausbildung. Studierende im Prakti-schen Jahr werden im Bundeswehrkrankenhaus Hamburg entspre-chend § 3 und § 4 der AApprO praktisch ausgebildet und geprüft. Eine Vergütung der Lehrleistungen aus Landesmitteln erfolgt nicht.

DESY

Das DESY unterhält keine vertraglich geregelten wissenschaftli-chen Kooperationen zu den genannten Einrichtungen. Mit der Hel-mut Schmidt Universität (HSU) bestehen Kontakte mit einzelnen Professoren an der Fakultät für Elektrotechnik, insbesondere im Fachbereich Hochfrequenztechnik, Theoretische Elektrotechnik und in der Experimentalphysik. An interessierte Studierende der HSU werden Bachelor- und Masterarbeiten bei DESY vergeben. Eine formale Kooperation zu einem Forschungsprojekt besteht jedoch nicht.

Militärische Forschung unter dem zivilen Deckmantel

Unter dem Deckmantel der angeblichen „zivilen Ausrichtung" der Forschung finanzieren Rüstungsunternehmen, Bundeswehr und das Verteidigungsministerium öffentliche Hochschulen und außeruni-versitäre Forschungsinstitute. Die Wahrscheinlichkeit einer militäri-schen Nutzung des Wissens erhöht sich, wenn man mit Unterneh-men zusammenarbeitet, die explizit auch militärisch genutztes Ge-rät herstellen.

Parlamentarische Anfragen hat der Senat nur unzureichend beant-wortet, zum Beispiel unter Berufung auf bestehende Geheimhal-tungsvereinbarungen. Deshalb bleibt völlig unklar, welchen Er-kenntnisgewinn sich zum Beispiel Airbus Defence and Space oder das Amt für Geoinformationswesen der Bundeswehr von einer Ko-operation mit Hamburger Hochschulen versprechen.

Friedliche Forschung durch Zivilklausel

Diese Art der Nutzung von Forschung lehnen wir ab – und sie kann durch die von uns beabsichtigte Zivilklausel mit entsprechenden Bestimmungen zur Forschungsfolgeabwägung verhindert werden. Um Hamburg als „Mittlerin des Friedens" zu stärken, beabsichtigen wir zudem die Finanzierung einer Forschungsstelle zur Rüstungskonversion durchzusetzen. Forschung und Wissenschaft sind geeignet, zu Lösungen unter anderem in den Bereichen soziale Spaltung, Klimawandel und Umwelt beizutragen. In diesem Sinne wollen wir die gemeinsam von Bund und Ländern finanzierte außeruniversitäre Forschung strategisch ausrichten. Neben technischen sind dabei insbesondere soziale Innovationen wichtig.

Es ist wichtig, eine friedliche Mentalität durch eine humanistische Wissenschaftspolitik mit verbindlicher Zivilklausel zu fördern und zudem Forschungspartner wie die Fraunhofer Stiftung zu ausschließlich friedlicher Nutzung ihrer Forschungsergebnisse und Patente zu verpflichten. Wissenschaft sollte friedlichen Zwecken dienen. Um dieser Verantwortung aber überhaupt gerecht werden zu können, bedarf es guter Rahmenbedingungen für wissenschaftliches Arbeiten sowie der Herstellung von Transparenz und der ökonomischen Unabhängigkeit der Institutionen, also der staatlichen Ausfinanzierung.

Die Bundeswehruniversität

Bundesweit gibt es zwei Universitäten der Bundeswehr: eine in München und eine in Hamburg. In Hamburg heißt sie Helmut Schmidt Universität – Universität der Bundeswehr (HSU). Beide Universitäten gehören zum Bereich „Organisationsbereich Personal" und sind dem Referat P I 5 im Bundesministerium der Verteidigung unterstellt.

Die HSU steht im Allgemeinen ausschließlich Offizieren und Offiziersanwärter:innen der Bundeswehr zur Verfügung. Jedoch gibt es seit Aufnahme des Lehrbetriebs Kooperationsabkommen mit befreundeten Staaten, aufgrund derer einige ausgewählte Offiziere aus diesen Staaten an der Universität studieren. Seit 2002 ist eine geringe Anzahl ziviler Student:innen an der Universität eingeschrieben. Voraussetzung für ein Studium als Zivilist:in ist ein Wirtschaftsstipendium. Die Stipendien werden von wirtschaftsnahen Stiftungen vergeben – somit werden diese Student:innen durch ihren zukünftigen Arbeitgeber, meist große Unternehmen, zumindest mittelbar finanziert.

Voraussetzung für ein Studium an der Helmut-Schmidt-Universität ist für Angehörige der Bundeswehr eine mindestens dreizehnjährige Verpflichtungszeit in der Offizierslaufbahn. Um in diese Laufbahn übernommen zu werden, muss ein dreitägiges Auswahlverfahren am Assessmentcenter für Führungskräfte der Bundeswehr in Köln bestanden werden. Der akademische Abschnitt ist seit 1973 ein fester Bestandteil der Offizierausbildung.

Das Studium ist in Trimester gegliedert. Die Studienrichtung ist nicht zwangsläufig an den späteren Aufgabenbereich gebunden. Die Studierenden werden während der Studienzeit kaserniert.

Die HSU wirbt: „Studierende Offizieranwärter und Offiziere sind weder auf einen monatlichen Scheck des Elternhauses angewiesen, noch müssen sie nebenher jobben. Sie bekommen ihr Gehalt (abhängig von Alter, Dienstgrad und Familienstand) auch während der Studienzeit. Für zivile Studierende gelten besondere Bedingungen. Bei Übernahme der Studiengebühren, z. B. durch ein Unternehmen oder eine Stiftung, können auch zivile Studierende von den besonders guten Bedingungen an der HSU profitieren. Bei Bedarf und freien Kapazitäten ist auch für zivile Studierende das Wohnen auf dem Campus gegen Zahlung einer Wohnpauschale möglich." (…) „Studierende der Bundeswehr brauchen keine Zeit mit der Suche nach einer 'Studentenbude' zu verbringen. Sie leben in komfortablen Wohnheimen direkt auf dem Campus (Holstenhofweg) oder im nahegelegenen Wohnbereich der Universität (Stoltenstraße). Auf einer Wohnebene (so nennen unsere Studierenden den Flur oder die Etage, auf dem bzw. der sie wohnen) leben normalerweise nur Studenten der gleichen Fachrichtung, aber aus unterschiedlichen Jahrgängen, so dass die älteren die jüngeren Studenten unterstützen können. Auf dem Campus befinden sich neben den Einrichtungen für Forschung und Lehre auch die Bibliotheken, die Mensa und die Sportanlagen. Ärzte und Zahnärzte, eine evangelische und eine katholische Gemeinde, selbst einen Friseursalon gibt es hier. Das sorgt für kurze Wege, spart viel Zeit, die man für wichtigere Dinge nutzen kann."

Der Campus der HSU war bisher frei betretbar. Das Bundesverteidigungsministerium unter Annegret Kramp-Karrenbauer (CDU) hat im April 2021 angeordnet, die Bundeswehr-Uni in einen militärischen Sicherheitsbereich (MSB) zu verwandeln. Das bedeutet, dass der Zugang zum Campus am Holstenhofweg sowie dem studentischen Wohnheim in der Stoltestraße Nichtangehörigen der Bundeswehruni in Zukunft verboten sein wird.

Als Grund wird die Sicherheit der Universitätsmitglieder angeführt. Die Einrichtungen der Bundeswehr seien immer wieder vielfältigen Bedrohungen sicherheitsgefährdender Kräfte ausgesetzt. Welche Art der Bedrohung das sei, wird aber nicht weiter benannt.

Geplant ist zudem, auf dem Campus eine Waffenkammer zu errichten, um das Wachpersonal an den Eingängen mit Waffen ausstatten zu können. Es sei möglich, dass die Waffen in einem Gebäude gelagert würden, in dem Dozierende ihre Büros hätten. Unter den Lehrenden wird die Einführung des MSB kritisch gesehen. „Da ist doch keine Forschung mehr möglich, in so einem Hochsicherheitstrakt", sagt ein Dozent der HSU, der nicht genannt werden möchte, gegenüber der taz. Mit einer Unterschriftensammlung wollte ein Teil des Lehrpersonals den MSB abwenden. Um ihrem Lehrauftrag nachkommen zu können, müssten „Universitäten für die Öffentlichkeit transparent und allgemein zugänglich sein", so die Forderung.

Seit 2015 findet kein Tag der offenen Tür mehr statt, bei dem der wissenschaftliche Austausch im Zentrum steht. Er wurde durch Ursula von der Leyen (CDU) durch den zentral geplanten Tag der Bundeswehr ersetzt, bei dem Militärübungen und -gerät im Mittelpunkt stehen. Seit Kurzem ist jeder Donnerstag halbtags der militärischen Ausbildung gewidmet inklusive einer Uniformpflicht.[106]

Die Bundeswehruniversität trägt einen wesentlichen Teil zur Ausbildung von Offizieren bei. Zudem war eine ihrer Funktionen bisher auch, der Bundeswehr einen zivileren Anschein zu geben. Das im Widerspruch dazu stehende rigide Auswahlverfahren durch Bundeswehr und ausgewählte Stiftungen und das zum Teil nicht sehr transparente Treiben an der HSU wird durch die Gestaltung der Uni als militärischer Sicherheitsbereich in Zukunft noch intransparenter werden. Das ist sicherlich in Anbetracht der immer aggressiver werdenden Außenpolitik der Bundesrepublik und der EU auch nicht anders gewollt.

---

[106] https://taz.de/Campus-wird-Sicherheitsbereich/!5763032/

Hamburg und die Friedensbewegung

Die Friedensbewegung ist in Hamburg gut verankert und hat eine lange Tradition. Von Sabotage durch Hafenarbeiter:innen und Zwnagsarbeiter:innen im Faschismus bis zum Durchsetzen der Unterstützung des ICAN-Städteappells durch die Hamburgische Bürgerschaft im Frühjahr 2020. Der ICAN-Städteappell ist eine Initiative, die es Städten, Kommunen und föderalen Einheiten wie Bundesländern weltweit ermöglicht ihre Regierungen durch die Unterstützung des Appells dazu aufzufordern den UN-Atomwaffenverbotsvertrag zu ratifizieren.

Die Linke steht in einer antifaschistischen Tradition für das friedliche und respektvolle Zusammenleben aller Menschen weltweit und damit auch in der Hansestadt. Den Aufbau von Feindbildern lehnen wir ab. In der Hansestadt leben Menschen aus rund 220 Ländern, insgesamt 638.000 Menschen haben einen Migrationshintergrund. Ein Großteil davon floh aufgrund von Krieg und Zerstörung in ihrem Heimatland. So wie wir friedlich in der Stadt zusammenleben, wollen wir dies auch nach außen mit allen Völkern und Staaten praktizieren. Denn Internationalität, Frieden und Völkerverständigung sind Werte, die als Konsequenz aus Faschismus und zwei Weltkriegen in die Verfassung übernommen wurden.

Der Rüstungssektor verschlingt die dringend notwendigen Gelder für Wohnungsbau, Bildung u.a.m. Rüstung gedeiht nur in einem Klima von Geheimhaltung, Feindbildern und vermeintlichen Bedrohungen. Deshalb ist der Kampf gegen Rüstung und Krieg auch ein Kampf für die Stärkung und den Ausbau der Demokratie.

Bundeswehr und Militarismus sind wie beschrieben in vielen Erscheinungen auch in unserer Stadt allseits präsent. Immer wieder taucht die Bundeswehr an Schulen und Jobmessen auf, um junge Leute für den Dienst in der Bundeswehr zu rekrutieren. Nicht zuletzt wegen „Nachwuchsproblemen" werden auch Minderjährige angeworben.

Das sogenannte Landeskommando Hamburg (eine Einrichtung der Bundeswehr in HH-Osdorf) koordiniert im Zweifelsfall alle öffentlichen Sicherheits- und Rettungsdienste, sowie alle Behörden, die entsprechend koordinierende Aufgaben wahrnehmen. Das geschieht unter dem Namen „Zivil-Militärische Zusammenarbeit".

Rüstungsforschung wird betrieben an Hochschulen, sonstigen Instituten, Betrieben oder privaten Einrichtungen, an denen neue Waffentechnik wie z.B. künstliche Intelligenz für Drohnen und Kriegsroboter entwickelt werden.

Kriege, Manöver und Militärstandorte verbrauchen enorme Mengen von Treibstoffen und Energie, produzieren viele klimaschädliche Emissionen und verschmutzen und verseuchen ganze Regionen – ganz zu schweigen von den massiven Zerstörungen und Emissionen durch die Kriegshandlungen und Ihre tödlichen Folgen. 30% der Klimaemissionen werden vom Militär verursacht.

Im Folgenden sind einige konkrete Schritte in Bezug auf die Umsetzung der von uns angestrebten Friedenspolitik in Hamburg skizziert:
- Der Stopp der Rüstungsexporte. Dafür beteiligen wir uns gemeinsam mit Gewerkschaften, Teilen der Kirche sowie Friedensinitiativen und Migrant:innenorganisationen an der Volksinitiative gegen Rüstungstransporte
- Wir haben einen konkreten Vorschlag für die Umstellung der Rüstungsindustrie auf zivile, soziale und ökologisch sinnvolle Produktion (Konversion). Denn gerade in Zeiten der sogenannten Coronakrise wird deutlich: Wir benötigen Gelder und Produktion sowie Forschung für den Bereich Gesundheit und nicht für Krieg
- Wir setzen uns dafür ein, dass Hamburg die Ratifizierung des UN-Atomwaffenverbotsvertrags durch die Bundesregierung fordert und nach dem Beitritt zum ICAN Städte-Appell zum Ende der letzten Legislatur nun auch konkrete Schritte geht
- Dazu gehören auch konkrete Schritte im Rahmen der Mitgliedschaft Hamburgs bei den *Mayors for Peace*
- Wir fordern für alle wissenschaftlichen Einrichtungen Hamburgs eine Zivilklausel, die auch durchgesetzt wird. Keine Drittmittel für Rüstungsforschung und Forschung zu psychologischer Kriegsführung. Die Gastvorlesungen von Angehörigen der Bundeswehr und die Kooperation mit Hochschulen der Bundeswehr müssen beendet werden

- Wir stehen für Bildung ohne Bundeswehr: Soldaten und Werbung für Bundeswehr haben an Schulen, Kindergärten, außerschulischen Lernorten, an Hochschulen und in Arbeitsämtern nichts verloren.
- Die Rekrutierung von Soldat:innen unter 18 Jahren muss beendet werden
- Das Internationale Maritime Museum im Hafen darf nicht länger Krieg, Nationalismus und Konkurrenz mit Unterstützung durch das Bundesland Hamburg verherrlichen. Es soll in ein maritimes Friedensmuseum umgewandelt werden.
- Wir setzen uns ein für die Umbenennung von Plätzen und Straßen, die nach Militaristen benannt wurden, zugunsten von Namen von Friedensaktivist:innen.
- Wir wollen Forschungsarbeiten zu neuer Waffentechnik durch Hamburger Institute unterbinden. Wir sind für einen Entwicklungsstopp für künstliche Intelligenz für Drohnen und Kriegsroboter.
- Das Modell der Fregatte Hamburg soll aus der Rathausdiele entfernt werden. Stattdessen sollte dort eine Kopie der vor dem UN-Gebäude stehenden Skulptur des russischen Bildhauers Jewgeni Wutschetitsch „Schwerter zu Pflugscharen" oder alternativ ein Modell der „Sea Watch" aufgestellt werden.
- Wir organisieren in Zusammenarbeit mit Friedensaktivist:innen Aktionen
- Wir organisieren Veranstaltungen u.a. mit den afrikanischen und lateinamerikanischen Communities sowie linken türkischen und kurdischen Organisationen und weiteren fortschrittlichen und linken Aktivist:innen etwa aus dem Mittleren Osten, China, Russland und Großbritannien, um zur Völkerverständigung beizutragen

Die Volksinitiative gegen Rüstungstransporte

Am 20. März 2021 startete die Volksinitiative gegen Rüstungsexporte ihre Unterschriftensammlung nach zweijähriger Vorbereitung. Es hatte in Hamburg bereits diverse Aktivitäten in diese Richtung gegeben, doch Senat und Bürgerschaft stellen sich seit Jahren stur. Wir als Linksfraktion sind der Überzeugung, dass sowohl die Produktion als auch der Handel in der Hansestadt ausschließlich friedlichen Zielen dienen darf.

Die Volksinitiative ist ein Bündnis von verschiedenen Friedensgruppen, gewerkschaftlich (GEW und ver.di) und hochschulpolitisch Aktiven, von Künstler:innen, Aktivist:innen aus der kurdischen Community, der alevitischen Gemeinde, der Lampedusa-Gruppe, den linken türkischen Organisationen DIDF und ATIF, aus der Klima- und der sozialen Bewegung, aus der Flüchtlingssolidarität und kirchlichen Zusammenhängen, IPPNW – Ärzte zur Verhütung des Atomkriegs, Attac Hamburg, Seebrücke sowie aus den Parteien DKP und DIE LINKE. Sie eint das Bewusstsein, dass ohne Frieden kein menschenwürdiges Leben möglich ist. Seit Oktober 2020 ist sie öffentlich aktiv in unserer Stadt, in der Menschen aus nahezu 200 Ländern leben.

Die Volksinitiative gegen Rüstungsexporte will dazu beitragen der Präambel der hamburgischen Verfassung Geltung zu verschaffen. In ihr heißt es: „Die Freie und Hansestadt Hamburg hat als Welthafenstadt eine ihr durch Geschichte und Lage zugewiesene, besondere Aufgabe gegenüber dem deutschen Volke zu erfüllen. Sie will im Geiste des Friedens eine Mittlerin zwischen allen Erdteilen und Völkern der Welt sein. Durch Förderung und Lenkung befähigt sie ihre Wirtschaft zur Erfüllung dieser Aufgaben und zur Deckung des wirtschaftlichen Bedarfs aller."

In und um Hamburg produzieren momentan jedoch mehr als 93 Unternehmen Rüstungsgüter. Über den Hafen werden pro Jahr 1.000 Container mit Munition verschifft. Das sind drei Container pro Tag – dazu kommen noch Waffen, Panzerwagen, Panzer, Raketenwerfer und Kriegsschiffe. Transportiert wird zum Beispiel nach Mexiko, Brasilien oder Kolumbien – in Länder, in denen die Menschenrechte mit Füßen getreten werden. Auch nach Saudi-Arabien und in die Türkei, die damit unter anderem im Jemen, in Syrien und gegen die Kurd_innen Krieg führen. Allein im ersten Quartal 2020 wurden trotz Corona Panzerkampfwagen und Kriegsschiffe im Wert von 200 Millionen Euro exportiert.

Auch der Export von Kleinwaffen, den Massenvernichtungswaffen des 21. Jahrhunderts, ist in den letzten Jahren massiv gestiegen. Im Jahr 2017 wurden aus Hamburg Pistolen und Sturmgewehre im Wert von 500.000 Euro verschifft – 2018 für fünf Millionen und 2019 für mehr als 13 Millionen Euro! Und dieser rasante Aufstieg hält an. So stiegen die Exporte von Pistolen über den Hamburger Hafen im 2 und 3. Quartal von 2020, obwohl nach Ausbruch der Pandemie UN- Generalsekretär António Guterres zu einem globalen Waffenstillstand aufrief, auf jeweils 12,6 und 13,2 Millionen Euro!

Ein weiterer Aspekt ist die Gefahr, die für die Menschen in Hamburg von Munitionstransporten ausgehen kann. Ein Beispiel. Am 1. Mai 2013 brannte im Hamburger Hafen der Atomfrachter Atlantic Cartier. Es hatte neben Autos und hunderten Containern auch Gefahrgut geladen. So waren an Board unter anderem Uranhexafluorid, radioaktive Brennstäbe, Munition sowie Ethanol. Die Löschung des Feuers dauerte sehr lange und war mit zahlreichen Schwierigkeiten verbunden. So darf Uranhexafluorid nicht mit Wasser in Berührung kommen, aber nirgendwo in Norddeutschland stand Kohlenstoffdioxid zum Ersticken der Flammen bereit. Weiter befanden sich am Tag der Arbeit kaum Hafenarbeiter:innen am Kai, die erst zur Hilfe gerufen werden mussten. Bis die Feuerwehr den Brand gelöscht hatte, vergingen 16 Stunden. Nur durch viel Glück entkam Hamburg der radioaktiven Katastrophe – und mit den Hamburger:innen fast 100.000 Kirchentagsbesucher:innen und tausende 1. Mai-Demonstrierende, die sich zu dem Zeitpunkt in unmittelbarer Nähe zum Hafen befanden.

Unterstützung der Initiative

Wir unterstützen diese Initiative. Die Linksfraktion hat zwei Gutachten erstellen lassen, die zeigen, dass es möglich ist, per Landesgesetzgebung ein Verbot der Rüstungstransporte durch den Hamburger Hafen umzusetzen. Dem Senat fehlt dazu bisher jedoch der politische Wille. Der Druck der Lobby des militärisch-industriellen Komplexes ist offensichtlich so groß, dass die jeweiligen Regierungen sich immer wieder auf eine vermeintliche Bundeskompetenz für jegliche Verantwortung für den Frieden berufen.

Diese Verleugnung geht soweit, dass sogar ein Engagement im Rahmen der Organisation der Mayors for Peace mit der Begründung verneint wird, der Senat sehe „von eigenen Initiativen, Aktionen und Stellungnahmen zu konkreten Abrüstungsvorschlägen ab, weil für die Außen- und Sicherheitspolitik der Bundesrepublik Deutschland ausschließlich der Bund zuständig ist". Die Organisation Mayors for Peace agiert ja gerade auf der Ebene von Städten, um für den Frieden und die atomare Abrüstung zu wirken. In Hannover finden beispielsweise regelmäßig Kongresse der Organisation statt.

Die Mehrheit der bundesdeutschen und der Hamburger Bevölkerung sprechen sich in Umfragen regelmäßig für Frieden und gegen Auslandseinsätze aus. Wir sind uns sicher, dass die Mehrheit der Hamburger Bevölkerung sich auch gegen die Rüstungstransporte durch den Hafen aussprechen wird. Der Senat versucht seit Juni 2022 vor dem Hamburgischen Verfassungsgericht nach der ersten Stufe, dem Sammeln von mehr als 10000 Unterschriften in sechs Monaten, gegen die Initiative zu klagen. Das ist nicht der erste Versuch, das Instrument der Volksgesetzgebung ad Absurdum zu führen. Bereits die Volksinitiative für bessere Pflege und die Volksinitiative gegen die Schuldenbremse sowie die Volksinitiative für die verbindliche Umsetzung von Bürgerbegehren wurden mit teilweise vollkommen inkonsistenter und kaum nachvollziehbarer Argumentation durch Entscheidungen des Hamburgischen Verfassungsgerichts gestoppt.

Um dieser Aushebelung direkter Demokratie entgegenzuwirken, ist der Druck der Gesellschaft notwendig.

Rüstungskonversion

Die Rüstungsindustrie macht trotz drastisch gestiegener Umsätze einen nur verschwindend geringen Teil des BIP aus (<1%). Die Anzahl der dort direkt Beschäftigten beläuft sich bundesweit auf ca. 100.000 Menschen, also 0,3 Prozent der Beschäftigten.

Anders als immer wieder behauptet wird, haben Bürgerschaft und Senat der Hansestadt viele Möglichkeiten und Entscheidungskompetenzen, um der Verfassung in Bezug auf „die Mittlerin des Friedens" gerecht zu werden. Das betrifft neben dem Bereich der Rüstungstransporte auch den Bereich der Rüstungskonversion. Wir haben eine konkrete Vorstellung davon, wie Rüstungskonversion funktionieren kann.

Als Rüstungskonversion bezeichnet man die Umstellung industrieller militärischer Produktion auf eine zivile Fertigung, sowie die Umwandlung von militärischen Liegenschaften in eine zivile Nutzung.

Mit einem „Hamburger Konversionsprogramm" (HKP) kann entscheidend dazu beigetragen werden, dass Hamburg als Mittlerin des Friedens agiert. Mehr als 93 Betriebe produzieren in Hamburg Rüstungsgüter. Darunter Airbus, Blohm&Voss, Rheinmetall, Siemens, IBM, MTU und Krauss Maffei Wegmann. Die meisten der bei den Rüstungsbetrieben angestellten Arbeitnehmer:innen sind hoch qualifiziert. Gerade in Zeiten der Klimakatastrophe und der Pandemie Corona ist deutlich geworden, dass die Produktion von umweltfreundlicher Technologie sowie medizinischem Gerät notwendig und weit ausbaufähig sind. Oft wird behauptet, dass Rüstungskonversion Arbeitsplätze zwangsläufig Arbeitsplätze gefährdet oder kostet. Das ist allerdings eher abwegig.

Die Technologie, die in der Rüstungsindustrie genutzt wird, kann sehr leicht umfunktioniert werden, um innovative Produkte und Technologien im Klimaschutz zu entwickeln oder zum Beispiel Atemgeräte zu produzieren. Auch die Gewinnerwartung von ziviler Produktion muss nicht hinter der der Rüstungsproduktion zurückstehen. Ganz im Gegenteil.

Das Internationale Konversionszentrum Bonn (BICC) forscht seit langer Zeit über erfolgreiche Konversionen, zusätzlich zum Bereich der Produktion auch in den Bereichen Wissenschaft, Forschung, Kulturveränderung und zivile Dienstleistungen sowie jeweiligen Querschnittsbereichen. Die Expertise dieses Forschungszentrums sollte bei dem Hamburger Konversionsprogramm (HKP) einbezogen werden.

Das Programm, dass wir vorschlagen, umfasst neue institutionelle Arrangements und strukturpolitische Instrumente, die bisher in der regionalen strukturpolitischen Praxis in dieser Form bisher zum Beispiel in Bremen eingesetzt wurden.

1. Es wird eine regionales Beratungsgremium (Beraterkreis Hamburgisches Konversionsprogramm) aus Politiker:innen, Vertreter:innen der Unternehmen, Vertreter:innen der Handelskammer, Vertreter:innen der Gewerkschaften, Vertreter:innen der Hochschulen, Vertreter:innen aus der Friedensbewegung und Vertreter:innen der Religionsgemeinschaften gebildet, um die Umsetzung des Programms zu begleiten.
2. Der Senat benennt eine/n Konversionsbeauftragte/n, die/der von der Bürgerschaft bestätigt wird. Sie/er hat die Aufgaben die Sitzungen des Beraterkreises zu organisieren und zu moderieren, betriebliche Projekte zu koordinieren, die finanzielle Umsetzung zu initiieren und zu begleiten, regelmäßige Berichte zu erstellen, Fortschreibungsentwürfe für das Programm zu erarbeiten und Kontakt zum Bundeswirtschaftministerium und zur EU-Kommission aufzubauen und zu halten.
3. Es wird eine ressortübergreifende Steuerungsgruppe gebildet, die sich aus Repräsentanten des Wirtschafts-, Wissenschafts-, Umwelt- und Arbeitsressorts sowie der Senatskanzlei zusammensetzt, der der Konversionsbeauftragte vorsitzt.
4. Die Bürgerschaft schafft rechtliche, infrastrukturelle und finanzielle Grundlagen für die Etablierung von Konversionsbeauftragten in den Rüstungsbetrieben.
5. Die Bürgerschaft schafft rechtliche, infrastrukturelle und finanzielle Grundlagen betrieblicher Konversionsrunden, die aus Vertretern des Managements und aus Arbeitnehmervertretern bestehen.
6. Die Bürgerschaft etabliert Instrumente der Förderung mit finanziellen Mittel.

7. Prioritäre Förderung erhalten kooperative und Verbund-Konversionsprojekte, in denen mehrere Unternehmen beziehungsweise Unternehmen gemeinsam mit regionalen Forschungsinstituten die Konversion entwickeln und umsetzen. Dazu gehören auch integrierte Projekte, die Forschung und Entwicklung, Qualifikation, Marketing und Organisationsentwicklung verbinden.

8. Auf diese Weise wird die mittelfristige Bereitschaft der Unternehmen, ihre Unternehmensstrategie, ihre Produkte, Technologien und Organisation zu ändern, gestärkt.

9. Jedes Unternehmen, das oder jeder Verbund der eine Förderung beantragt, legt ein Konversionskonzept vor.

10. Es werden zudem Projekte gefördert, die dazu beitragen, kooperatives, konversionsorientiertes Produzieren und Agieren zu entwickeln und einzuüben, um so zur Realisierung mittelfristiger (struktureller) Konversionseffekte beizutragen und um betriebliche Konversionsprojekte und -produkte im Hinblick auf technologische Anwendungen und Vermarktung zu unterstützen. In Bremen wurde zum Beispiel ein Transferinstitut gegründet, das sowohl eine Demonstrations- und Testanlage für eine neuartige Kläranlage beinhaltet wie auch ein großes Umweltforschungsinstitut an der Universität. Hier konnten die ehemals militärischen Kernkompetenzen der Rüstungsindustrie im Bereich der Sensor- und Simulationstechnologie genutzt, weiterentwickelt und in den Bereichen Wasser- und Abwasseranalyse und -aufbereitung eingesetzt werden.

Projekte der Konversionsförderung können, neben ihrem friedensfördernden Charakter, auch ein guter Motor für technologische Innovation sein. Insbesondere, wenn sie wie oben genannt im Bereich der klimafreundlichen Technologie, der medizinischen Technik oder auch dem Musikinstrumentenbau angewandt werden. Neben der Innovation kann auch die Dimension der Erschließung neuer Anwendungsbezüge und Märkte und die Dimension des Organisationswandels in Bezug auf neue ‚zivile' Organisationsformen für die Rüstungsunternehmen eine Rolle spielen.

Ein positives Beispiel, dass Rüstungskonversion am besten funktioniert, wenn zu dem positiven Ansatz die staatliche Förderung von Rüstungsproduktion eingestellt wird: Ohne staatliche Finanzmittel ist die ehemalige U-Boot-Werft von Thyssen in Emden komplett

auf die Produktion von zivilen Windkraft Offshore-Anlagen umge-
stiegen. Ein guter Schweißer bleibt ein guter Schweißer, heißt es,
bei gleichem Lohn und ohne Umschulung. „Wind statt Waffen"
titelte der „Spiegel" – nach 106 Jahren Schiffbau meistens für den
Krieg.

Ein entsprechender Antrag der Linksfraktion wurde im Juni 2021
von der Rot-Grünen Mehrheit in der Hamburgischen Bürgerschaft
unter dem Vorwand auch das sei Bundessache abgelehnt. Diese
Ausrede ist im Zusammenhang mit Rüstungskonversion vollkommen absurd. Durch die Ablehnung wurde deutlich, dass die Rot-
Grünen Parlamnetarier:innen in Hamburg keinerlei Interesse haben
friedenspolitisch ernsthafte Schritte zu gehen. Um das durchzusetzen ist offensichtlich stärkerer gesellschaftlicher Druck notwendig.

Von einem solchen Programm, geht neben dem Effekt, die Gesellschaft friedlich zu gestalten, ein hohes Innovationspotential für die
Hamburger Wirtschaft aus. In der Friedensbewegung werden nun
nächste Schritte zur Durchsetzung von Konversion diskutiert. Eine
Idee ist, ein Zertifikat „Rüstungsfreier Betrieb" zu verteilen.

Schlussbemerkung

Wie deutlich geworden ist, ist der militärisch-industrielle Komplex in Hamburg sehr stark. Die Friedensbewegung steht dagegen für ein friedliches Zusammenleben aller Menschen weltweit, Rüstungskonversion und den Stopp der Rüstungstransporte durch den Hamburger Hafen.

Frieden, wie er in der Hamburgischen Verfassung definiert ist, entsteht durch Dialog, Verständnis und Respekt vor der jeweiligen Kultur, Religion und Gesellschaft. In vielerlei Hinsicht ist ein guter Rahmen für Sicherheit in der Charta der Vereinten Nationen geregelt.

Sicherheit entsteht durch Solidarität auf Grundlage der Menschenwürde.

Einen gesellschaftlichen Ausdruck findet dieses Wissen in den Menschenrechtskonventionen und erkämpften Arbeits-, politischen sowie Grund- und Freiheitsrechten sowie in solidarischem Zusammenleben.

Krieg und Abschreckung sind dagegen auf materieller Ebene Konzepte zur Absicherung von Herrschaft und Ausbeutung. Auf geistiger Ebene sind Krieg und Abschreckung die Armut an Einsicht in die eigenen und anderer Stärken und Schwächen und ein Mangel an Erkenntnis in Bezug auf die Gleichwertigkeit allen Lebens. Politisch betrachtet ist Krieg dem Kapitalismus immanent.

Trotz technologischer und materieller Fortschritte im 20. Jahrhundert müssen wir uns deshalb mit der vollkommen inakzeptablen Tatsache auseinandersetzen, dass Krieg, Armut und Umweltzerstörung weiterhin das Leben von Millionen Menschen bedrohen.

Wir haben dagegen das Ziel, dass alle Menschen würdevoll und friedlich zusammenleben können und die Natur erhalten bleibt. Und dafür lohnt es sich mit unseren Bündnispartner:innen schrittweise die Welt zu verändern.

Dank: Unser Dank geht an die Friedensbewegung, das Hamburger Forum für Völkerverständigung, die Volksinitiative gegen Rüstungsexporte für ihre Aktivitäten. Zudem danken wir Johannes Stern, für seinen Artikel „Wie die Rückkehr des deutschen Militarismus vorbereitet wurde", der eine Grundlage für unsere Skizze zum Papier „Neue Macht, Neue Verantwortung" der SWP war; Jan van Aken und seinen Mitarbeiter:innen für die Erstellung der Broschüre „Made in Hamburg – tödlich weltweit", die als Grundlage für unsere weitere Recherche zu den Aktivitäten der Rüstungsunternehmen in Hamburg diente; Özlem Alev Demirel und Jürgen Wagner, für ihre Artikel über die Militarisierung der EU in der Jungen Welt;

Besonderer Dank geht an alle, die sich mit uns entschlossen für den Frieden einsetzen und uns bei der Erstellung des Buches geholfen haben.